中國學術思想 研究輯刊

十八編

林慶彰 主編

第9冊

王弼之「自然」與「名教」及相關論題研究

郭梨華 著

花木蘭文化出版社

國家圖書館出版品預行編目資料

王弼之「自然」與「名教」及相關論題研究／郭梨華 著 — 初
版 — 新北市：花木蘭文化出版社，2014〔民 103〕

目 2+166 面；19×26 公分

（中國學術思想研究輯刊 十八編；第 9 冊）

ISBN：978-986-322-680-2（精裝）

1.（三國）王弼　2. 學術思想　3. 魏晉南北朝哲學

030.8　　　　　　　　　　　　　　　　　103001977

中國學術思想研究輯刊

十八編　第 九 冊　　　　　　　　　ISBN：978-986-322-680-2

王弼之「自然」與「名教」及相關論題研究

作　　者　郭梨華
主　　編　林慶彰
總 編 輯　杜潔祥
副總編輯　楊嘉樂
編　　輯　許郁翎
出　　版　花木蘭文化出版社
社　　長　高小娟
聯絡地址　235 新北市中和區中安街七二號十三樓
　　　　　電話：02-2923-1455／傳眞：02-2923-1452
網　　址　http://www.huamulan.tw 信箱 hml 810518@gmail.com
印　　刷　普羅文化出版廣告事業
封面設計　劉開工作室
初　　版　2014 年 3 月
定　　價　十八編 16 冊（精裝）新台幣 28,000 元

王弼之「自然」與「名教」及相關論題研究

郭梨華　著

作者簡介

郭梨華

學歷：1995 年輔仁大學哲學博士。

現任：東吳大學哲學系教授。

專長：出土文獻與先秦儒道哲學研究、魏晉哲學。

主要著作：王弼之自然與名教（文津出版社，1995.12）

出土文獻與先秦儒道哲學（萬卷樓圖書股份有限公司，2008.8）

另有相關研究之論文三十餘篇。

提　要

　　本書原名《王弼之自然與名教》，乃博士論文出版（文津）。今經修訂，並增加兩篇附錄，以《王弼之「自然」與「名教」及相關論題研究》為題。

　　王弼之自然與名教，乃藉由嵇康所提之「越名教任自然」中之「自然」與「名教」為論題，擴大解釋王弼對於自然與名教關係之主張與論述。就《老子注》、〈老子指略〉、《周易略例》而言，王弼之主張猶如其對孔子與老子何者為「聖」的論述，嘗試將儒道予以融合，強調源自「自然」之「名教」的必需與必要。附錄中之〈《經法》中「形－名」思想探源〉，乃馬王堆帛書中有關黃老道家的著作，「形－名」探究，乃就黃老道家《經法》中「形－名」與「自然」，及其與「法」的關係論述。附錄二〈王弼、郭象之性情論兼及其詮釋進路〉，乃就魏晉玄學兩位主要哲學家之詮釋進路，論述其在性情論說上的主張。

目次

前　言

　　回首這幾年，心裏一直是在忐忑不安中，一方面是自體與處境之間所發
生的事件，另一方面是人文性文明與自然之間的衝突，這些就如海浪般一波
一波地洶湧而來，襲擊著、也侵蝕著心靈中的那份自然，究竟『人的眞樸』
依然還在否？左思右想永遠只是情緒在敲門，納悶仍然存在。因此只得從自
身所學中思量，與其將大而無當之生存性困境讓情緒所困擾著，不如踏實地
學習先哲，學習他們對問題處理的深度與廣度，並深信爲自身而言，唯如此
之方式，才對原先困擾著的情境有所稍解之可能。

　　存在與思辨一直是處於交雜相衝之辯證中，並以此而顯示生命的存在，另
方面生命體就其爲人文性與自然性之例示，依然是處於交雜相衝之反覆思慮
中；中國哲學相較於西方哲學，毋寧是以後者爲其探究中心，並以此思辨考慮
之特質開展著『生之智慧』探究之另一取向而有別於所謂西方式之探究。今日，
我們所面臨的不僅僅是了解中國哲學之根源，同時在百年來所遭遇之西方文明
之強勢影響下，西方哲學亦是衝撞著中國哲學，面臨堅持分辨或放棄分判之抉
擇時，內心堅持著必得在深入了解後，才得以作一公允之抉擇，其中出現之第
三選擇是：如何立基於中國哲學做一整合？更恰切地說，中國哲學之現代化如
何可能？或者說中國式之哲學探究能爲人類文明提供何種說明？

　　基於上述之生存性狀態，魏晉之玄學確實是一參考點，是我們今日所處
之座標中不得不思慮的相對參考點。若就政治而言，魏晉是中國歷史上確立
王朝以後第一次大分裂時期之開端，歷時約三百年；就文化而言，是眞正正
視印度佛教文化之東傳，而又立基於中國哲學主流中之再出發，雖然在哲學
思想上發展論辯風格之玄學，但是在次元文化中所謂魏晉風度，卻由稍縱即

逝之風骨轉爲流俗矯作之風情。處於今日思想上之再出發，參考點所具有之
警醒作用是我們忽視不得的；抉擇是困難的，尤其是具有前瞻性之抉擇，不
過若是在抉擇時能將事實儘可能地讓其顯示，倒可以減少盲目與衝動，而得
以冷靜地思慮與承擔起來。這篇論文之寫作，基本上仍是一種學習，學習著
如何讓事實得以顯示之方法，是以面對思想之歷史性時，以其參與當代性而
作爲思想之當時性的進路之一，思想本文之建構則以正始玄學之王弼所著注
之文本經營其思想之關連，之後則以審視之態度正視其立論，審視其思想中
究竟以何種方法確證其立論點。

論文之寫成期間中，不能否認在生命之歷程裡，確實接受多人之溫馨幫
助，冷暖之際，人之眞實顯示了。感謝家人的放任與寬容。使我得以如此地
任性與執著，感謝指導教授李校長振英所給予的自由空間，使我得以悠游期
間呼吸所需之養分，並在其間成長，也感謝大陸學者王葆玹先生與陳靜女士，
最後也謝謝在這歷程中的丁老師原植以及我所關心並關心我的神父、朋友
們，是這些師長與朋友們一起陪伴我渡過海浪的襲擊並得以堅毅挺住的支
柱。自然，則是我最最誠敬的奧祕，它顯示一種無窮之可能與希望！

第一章 緒 論

壹、研究動機、範圍與方法

　　生命的存在在哲學家與文學家中，歷來就是一『弔詭』的存在，這一種弔詭性不但存在於生活的事實中，也存在於哲學的處理中，孔子曾表達：「知其不可而為之」，這是一種感嘆，也是一種薛西弗斯不斷推動滾石上山的悲劇性展現，理想性與現實性確實有著無可奈何的事實，「知其不可」是現實中遭遇理想追求、施展之不可能，「為之」則是現實生活中理想的運作，「而」是現實與理想悖謬中的轉折，這一種生存事實中的存在，表現在中國哲學的處理中，就是一種『自然』與『名教』之辨，「自然——名教」第一次被當作一哲學問題而討論是在魏晉之際，但是作為一生存事實中的發生，卻早在人文文明之始。因此，在面對孔子那種生命籲求，那是一種震撼與警醒，震撼的是他對生命、精神之追求的強韌與生命存在的深厚度，警醒的是在「自然——名教」的轉換處理中，可以有何種的參照點；老子則是另一種生命顯示之典型，他所展現的是一種批判的精神，同時建構起一種對人文之源始——『自然』的指引，這樣一種參照點是相當必要的，他展現哲學處理轉換中導源性所可以建構的一種指引與可能性。魏晉玄學恰好展現儒、道哲學的重新詮釋與整合。

　　『歷史』是人的活動的一種顯示，在時間的分析中，『歷史』似乎只是一種過去的顯示，但就其為一顯示而言，歷史是當代的一種參與者，而當代也是一種歷史。因此它也即將參與著未來。今日我們確實有著類似魏晉時期，在外來文化的傳播中，尋求整合、建立屬於傳統中的新文化之要求。因此在魏晉思想家中選擇一代表性的哲學家作為研究之起始，是一種必要的學習。

　　若就中國哲學思想的發展而言，『著』與『注』常是哲學家表達其個人獨特思想的一種方式。著作之為哲學思想表達，這是一種事實，但是注也是一種哲學思想之表達，這若藉著西方詮釋學探討詮釋與文本之間的關係，我們可以更清楚且確定：注解並不如同以往，只能被當作原著作的訓詁與理解，它更是注解者與文本在一種情境交融情況下所產生的作品，這其實在歷史中也一直是被如此看待，而在今日卻只被當作解釋文句看待，或許與五四時期所帶給我們的影響相關，在白話文運動、及時代因素之變遷後，中國元典與我們之疏離益加明顯。

　　在綜合各種因素之審慎考慮下，王弼是魏晉正始玄學的佼佼者，也是正始時期在今日較有完整著作遺留下來的思想家，它真正被發掘是王維誠與嚴靈峰老師各從《雲笈七籤》中之〈老君指歸略例〉及《道藏》中〈老子微旨略例〉輯成〈老子指略〉，並認為即是王弼〈老子指略〉之佚文。所研究之範圍主要是就王弼是一位哲學家的方式看待，因此涵蓋範圍包括〈老子指略〉、《老子注》、《周易注》、〈周易略例〉、〈論語釋疑〉。

　　研究方法上，我是藉助西方哲學學習中所得之分析法與問題探源法，及我對『當代』之呈現的主張，運用對位之方式，理解與建構王弼哲學，作為階段研究的呈現。首先是關於分析法，主要是從哲學史與元典找出重要哲學範疇，然後就哲學範疇彼此間之關係發現其複雜之結構與所欲陳述之事件、與事實本源之顯示，最後是就整體結構找出各個範疇在哲學中之作用，說明、呈現各個範疇之意含，目的在顯示不在說明中之事實本源之豐富。其次是關於問題探源法，針對一重要哲學探究之核心與問題之出現於當時代的哲學性，找尋它在哲學問題史之發展中呈現的作用，這樣一方面能更深入了解哲學思想結構之深度與主題，另一方面發現其呈現中複雜之當時代性的一種面向，目的在顯示該問題在哲學之當時代性所具有的轉換及其所發揮之哲學作用。最後是藉助音樂中作曲形式之對位法，說明處理王弼「自然──名教」之整體結構中所出現之繁複與呼應所完成的和諧性，這種繁複與呼應表現在各種層次不同之問題的探源，與整體架構中以為是一種歷史背景之說明，而實際上卻是參與著當時代哲學範疇之發生作用，目的在呈顯當時代出現在我們這個時代所具有的警醒與哲學思考，另方面當我們進入這樣的思考中，我們也正在與文本所敘之事進行一種思考性的對位創作。

貳、本文內容概要

在研究方法與主題確立後，對於各章節之安排與敘述，在此作一簡略說明。首先是第二章，呈現「自然──名教」問題之發生與歷史中之探析，主要是藉著歷史與問題之導源，說明第一次出現「自然──名教」之生存困境與哲學轉換，說明此一困境在轉換爲哲學探究之問題中，出現的可能指引，及其在哲學發展中所具有的哲學作用。第一節，主要是就人文文明中所出現的自然與文明之分際，說明『名』與『禮』在中國這一生存環境中所具有的重要性與現實性，及「名／禮」如何可能是一人文表徵提出說明。第二節，則是就「名／禮」在現實生活中所呈現之困局與混淆，指出在哲學探究中，中國哲學之原型中的兩種典範，說明作爲一生存中事實呈現的混亂與在現實生存中的失去依憑，如何轉換爲一哲學思考，並指引出一種價值理想之可能性，其中老子是一導源回歸『自然』，重新對「名／禮」在制度與人文之始的確立中，指引出『道』作爲一比單向性與僵化之人文更豐富、更能支撐人文的始源，孔子則是基於維護周文化之立意，將人文導向人的問題之處理，主張人文價值之喪失，並不是始源之喪失，而是人所造成的問題。因此對問題之處理，是採取回歸重建制度之人文上尋求基礎，譬如對於『禮』、『樂』的問題，他主張需回歸『仁』，才能眞正建立起人文的篤實。第三節，則是就兩漢時「自然──名教」在生活現實中的展現，所呈現出來另一種名節要求之制度化，說明其所帶來之「名／禮」世俗化與規範爲制度所引至之衰頹，以及漢魏之際名理才性問題之探究，所可能引致魏晉玄學探究之興起的哲學性因素。

其次是第三章就『自然』結構中之「有──無」問題作一解析，說明王弼對於『自然』中之萬物，及其間之關係結構，並以此呈現萬物在自體中所具有之『自然』本性，指出人所能具有回歸源始之潛在能力。第一節，就「有──無」在哲學中出現且作爲一範疇所具有之哲學作用予以說明，主要是就《老子》、《莊子》哲學結構中所處理之『名』與『道』或說『言』與『道』，指出「有──無」之說明是一種邊際的處理，以及對於王弼將它作爲哲學論題之核心，所具有之思想結構上之前導作用。第二節，就「自然──名教」之事實與「有──無」之哲學問題，兩者之間的關係性究竟建基於何處作一說明。第三節，分析『無』的意含與層次，『無』在王弼思想中，具有：不被規範、限定之特質、否定作用義。否定作用義包含否定性、確定性及作用性；

另外『無』也是原理，具有可爲人領會之特質，此即『無』之別名的哲學作用。其次是『無』的兩種層次，一是『無』之爲本根層域與境界層域，及典範出現在王弼對於『聖人』之說明，聖人茂於人者在於其神明，同於人者在於其有情，因此顯現一種有情而又無累於物的『無』情。第四節，是就「有——無」之於『名教』中之多向性，指出其作爲本根之意含與作用，主要是分「本——末」、「靜——動」、「一——眾」、「道——德」及「無——有」與「自然——名教」之關係作說明，指出『無』爲「本」、「靜」、「一」、「道」之作用與面向，呈顯出『無』之豐富意含，最後綜合性指出王弼對「自然——名教」之主張。

再其次是第四章就『名教』結構中之「言／象／意」問題作一解析，說明王弼在『名教』中對於人如何領會『意』（即是『無』），以及在倫理中如何能夠實現予以一美學性質之說明，說其爲『美學性』倫理，是就其與事實本源之聯繫，另外它之所以不是形上的，是就其爲一倫理實踐中展現的可行性而言，它具有具體之共在性，而不是普遍性，同時它也是一種個人的領會與實踐；第一節，就「義／理」確立的可能性，說明名教世界中之人文倫理主要在於價值之指引。因此說明「言／象／意」時，就王弼所探討「言／象／意」之問題，作一種哲學考慮中之必要性的導源與批判功夫，並且指出「言／象／意」在王弼哲學中所涉之事象作一說明，最後指出『意』與『義』、『義』與『理』、及「義／理」在「言／象／意」之關係中的呈現，說明『義』確立的可能性。第二節，就『象』的意含與『義』的把握，指出『象』之爲一圖像符號，呈現在符號中的關係，藉以說明『象』與『意』的聯繫，而這種關係性是呈現在：「位」、「承乘」、「比應」、「時變」、「中正」，其次是就『象』中之『義』，說明王弼處理『象』的特色，主要有：「因一統眾」、「乾坤用形」、「動息則靜」三方面，而這是『義』在『象』中之顯示，由此也點明王弼在《易》學之處理上與漢《易》之取象說有很大之差別，而這種取義說對於宋代《易》學之處理有很大的決定性。第三節，「言／象／意」之建構方法，指出在「言／象／意」之聯繫上，『意』之領會的進程，首先是以「名／謂」的方式指出『言』之把握上的極限，對於這樣一種極限，王弼轉而以「忘——存」之『意』境上的警醒與保持，作爲領會『意』之『無』的狀態。最後說明『用』在整個領會中貫通『意』，以及展現在現實中之「因／順」之『意』境，與「息——舉」對立中倫理性與美學性的「時變」之『用』。

　　最後，結論中是指出個人對王弼哲學的反省與思考，以及「自然——名教」在中國哲學中之重要性，而當代在面臨此一生存事實中，至目前曾經作過之論題思辨階段，最後則是以西方當代哲學對希臘哲學之導源，與希臘哲學中 physis 與 nomos 對立之探究，作為一種繼續研究之參考點，以及個人未來研究之取向。

第二章 「自然──名教」之源起及其歷史性的探討

　　中國文明之源起自夏商始，然就文字記載則始於商周，人文禮制之大備則始於周。『自然』所指乃是涵括人文文明之生存域，『名教』則是指向人文之設置〔註1〕，而關於『自然』、『名教』性質之對應應始於禮制之設立。關於「禮」的問題之探討，則關涉殷周之際王制的確立、春秋戰國時「天」、「道」、「德」、「禮」、「名」……等問題──此乃先秦諸子之論辯、西漢時禮制的護衛與重新確立，使得禮制成為教化所必須之進程，東漢末魏晉之際對於禮制之探討重新以名理之方式追問，甚而進至於結合道家『玄』之思辨，而有所謂清談之玄理的探究方式。在此章中筆者嘗試以『人』在生存域中之實際所遭遇問題之可能處理，提出一種可能之探究方式，藉以說明「自然──名教」作為生存問題的實際衝突，如何在哲學方式之探究下，呈現不同的哲學問題與論題核心；並指出「自然──名教」作為一哲學問題其歷史性之發展線索，及此問題之所以呈現在魏晉時代所具有的當時性。本章基本上是分就：「名教的基礎──作為人文表徵的名／禮意義」、「名／禮之為問題的發生與探究」、「名教的發展與衰微」說明之。

〔註1〕　『名教』一辭最早見於《管子‧山至數》，篇中有一段桓公問管子的對話，桓公說到：「昔者周人有天下，諸侯賓服，名教通於天下，而奪於其下，何數也？」其中『名教』一辭應是指周制而言，而周制主要即是宗法中的「名／禮」之制，此與魏晉時和「自然」相對應之「名教」之意涵有所不同，魏晉時主要是針對得以轉換身分地位之表徵的「禮／名」而言。

第一節　名教的基礎──作爲人文表徵的「名／禮」意義

自有人類以來，人之活動的歷程基本上已在顯示著一種歷史，但在人類對學科的界定中，歷史基本上是以文字記載爲其明確之分判點，而文字記載之前的人類活動稱之爲「史前」；同樣地，當我們對社會文化現象作說明時，「文明」往往是一種標的，而其準則就摩爾根之《古代社會》所言是依據標音字母的使用和文獻記載的出現〔註2〕，同時在技藝上則是鐵礦鎔化術發明後帶給人類生活一種躍進，使人類脫離野蠻狀態〔註3〕，就社會、政治狀態，其伴隨之現象則是國家之出現〔註4〕。依據上述原則衡諸中國文化，我們會覺得去界定哪一朝代爲文明之始，確實存在著困難；若就文字出現而言，無疑殷商之甲骨文是一表徵〔註5〕；若就技藝之鎔鐵而言，殷商和西周都沒有人工冶鐵的發明，截至目前考古界之發現，最早之冶煉鐵器是出現在春秋後期之楚地〔註6〕；若就國家之出現而言，夏朝無疑是中國第一個以家族承繼方式所形成的世襲國家〔註7〕。姑且不論何者才是最準確之判準，至少所提供之準據必是因著一種事實之顯示而提出的，因此當難以抉擇時，或許指出「因著何種事實」會是直搗黃龍的一種可能路徑，是以就前述三種準據而言，似乎透露一種事物的狀態，此即：無論是文字之出現，或冶煉鐵器術發明後所帶來之生產作物上之方便、或者王朝之建立，基本上都指向人文性機制的開展，都指向人爲其生存所需，爲人設置一種當時所能建構之人文機制，它可以是人文精神之說明──此乃相較於自然之生存事實而言；也可以是語言文字開始有組織性的運作──此乃相較於語言文字之始的設置而言；或者也能夠是王朝鞏固上所需之組織、制度。依此而觀，名與禮的源起與開展也是人文機制的表徵之一，而它之所以是一種表徵，事實上是關聯著中國上古之政治制度、

〔註 2〕 參閱路易斯・亨利・摩爾根著《古代社會》，頁 11。

〔註 3〕 同上，頁 38～39。

〔註 4〕 此爲恩格斯所言：「國家是文明社會的總和」。（參閱孫淼所著《夏商史稿》，頁 80。

〔註 5〕 在考古中發現大汶口文化有陶文出現，此乃文字萌芽期，也算是最古文字之起源，因此如唐蘭先生就以大汶口陶文年代斷定：中國有六千多年文明。請參閱《原始中國》下冊，頁 585～599，及陳戌國所著《先秦禮制研究》，頁 73。

〔註 6〕 參閱《西周史論文集》中之〈金文所載的西周社會型態〉，頁 491～492。

〔註 7〕 參閱《夏商史稿》。

社會生活背景、政權更迭與王朝血緣關係在政治組織上之開展使然，關於這一點，從社會學角度而言，是一場傳統與現實之爭，若相較於名、禮之爲現實，則所言之傳統是指向名、禮之所由來之事實的呈現──自然。若就思想探究之角度而言，名與禮無疑標誌著人文與自然之所以分判的表徵之一〔註8〕，名與禮表徵著人文規劃的設計，而此一人文規劃所涉及的包括：行爲規範、表徵社會身份地位之名號、名與禮在起源處所最具影響力的辨析作用、以及因辨析而有之思辨與形上根源義，相較於此一人文規劃，自然之所指並不是社會學意義的原始，而是在思想發展中指涉人文之源始（指起源與根源）的事實顯現，其表徵則是天或道。

禮，就其字源而言，在殷契卜辭中之呈現爲：『豊』〔註9〕，與西元1844年於陝西省岐山縣出土的西周武王時代之天亡簋商周青銅器銘文中之『豊』相類，而與西周成王時代之壟方鼎之『豊』稍有不同，前者即其釋文之『豊』，後者爲『豐』〔註10〕，『豊』即今之『禮』，但無今之『示』字旁，『豆』則象徵一祭器〔註11〕，至於豆中置何物，若依王國維先生之說則是玉器。此佐證於二里頭遺址所出土的一千餘件玉器，其中包含作爲祭祀時用之禮器形制的玉〔註12〕，可以發現靜安先生之說有其信實處。依此，禮則指「奉神人之事」，它本身之初始意含在於說明祭祀活動之行爲表達。這在夏商時代而言，具有政治性、氏族性與形上的意義，因爲能舉行這種祭祀活動的主權者勢必具有一種強力與勢位。換言之，在政治上他是一王朝的統治者，權勢的鞏固則來自於氏族與先王、上帝之間具有從屬關係，及氏族成員之間的宗法關係〔註13〕，

〔註8〕　基本上作爲分判的表徵，有三種可能性：一是就人文方向之始言，一是就自然而言，另一則是作爲自然與人文之共通特質而具有不同意義之使用而言。

〔註9〕　參閱殷契粹編，頁232片。

〔註10〕　容庚與王國維皆以爲同一字。參閱《商周古文字讀本》，頁289。

〔註11〕　「豆」，王國維以其爲會意字，馬輔則以爲是象形字，爲一祭器。參閱《薇頧甲骨文字》下冊，頁1002～1005，且查閱《三禮辭典》亦發現在殷商時確有豆器（頁427），但是否豆器即爲一重要之祭器，則有待考證，因爲依鄭玄所注，祭器指簋、簠、鼎、俎。查閱結果筆者以爲『鼎』之形較似『豆』，但此仍待考證。

〔註12〕　參閱中國《玉器時代》，頁144。其發堀是1960年後之事。

〔註13〕　參閱《卜辭綜述》，頁497～499，及頁580，並請參閱任繼愈主編《中國哲學發展史──先秦》，頁83～84。筆者在此雖以爲上帝與王無血緣關係，而言有血統性，基本上是從先王、先祖住於帝所，賓於上帝，及圖騰崇拜的宗族團體而言其有血統關係，此一血統關係的確立，賦予「禮」一種人文價值的說明。

不過王族與上帝之間的從屬關係，並不是建立在一種相親相愛的血緣家族關係上，而是建立在對自然的畏懼與崇拜上。這時王並不能直接與之有所交通，必須透過巫史的巫術行為，以及對於祖先的崇拜，作為與上帝之間的媒介，並得知上帝旨意的方式。對於這樣一種行為表達，金景芳先生認為仍是在於求福、免禍〔註 14〕，基本上這是著重宗教心理的角度所下的斷言，如果從社會思想層面而言，這是一種『禮』的說明，說明『禮』在人文中具有形上根源之意義。換言之，『禮』是人與超越於人、且可滿足王所提出之具體要求（例如：人世之禍福、賞罰）之上帝的溝通媒介。從思辨角度而言，則是人與上帝（或說自然）〔註 15〕的辨析點，『禮』畢竟仍是人文的表達，與上帝之表達仍有所區分。雖則如此，不過此一人文表達仍是一根源性之表達，因為人文之設計藍圖基本上是建立在此一與上帝、或說自然的聯繫上才得以獲得保存。就此而言，筆者在『禮』之人文性的發生年代上與徐復觀先生在《中國人性論史》中的見解有所不同，徐先生提到：

> 祭祀的儀節，是由人祭祀的觀點所定出來的，這便含有人文的意義。殷代重視鬼神，在祭祀時當然有其儀節，即所謂禮。甲骨文中的「豐」字，如王國維觀堂集林六釋禮，以甲骨之「癸未卜貞醴豐」之「豐」，即小篆之豐字，「象二玉在器之形」，即許氏所謂「行禮之器」；但禮乃包括祭祀中之整個行為，非僅指行禮之器；故「禮」字乃由豐字發展而來；但「禮」字除了繼承「豐」字的原有意義而外，實把祭祀者的行為儀節也加到裡面去了。從上引甲骨文的上下文看，很難承認甲骨文中的「豐」字，即可等於周初文獻中的「禮」字。……殷人雖有祭祀之儀節，但其所重者在由儀節所達到的「致福」的目的，而不在儀節之本身，故禮之觀念不顯。《禮記·表記》「殷人尊神，率民以事鬼，先鬼而後禮……周人尊禮尚施，事鬼敬神而遠之，近人而忠焉」；在這幾句話裡面，分明將事鬼尊神看作是一件事，而將「禮」看作是另外一件事。所謂「後禮」，即是不重視禮；不重視禮，故有禮之事實而無禮之觀念；凡先秦典籍中所謂「殷禮」、「夏禮」者皆是後來追加上去的觀念。到了周公，特別重視到這種儀節本身的意義。於是禮的觀念始顯著了出來。禮的觀念的出現，乃說

〔註 14〕 參閱金景芳所著《中國奴隸社會史》，頁 98。
〔註 15〕 參閱《中國宗教史》上冊，頁 128～130。

明在周初的宗教活動中，已特注重到其中所含的人文的因素，但此
人文因素，是與祭祀不可分，這是禮的原始意義，而爲周初文獻所
可證明的。〔註16〕

首先，殷禮、夏禮絕非後人隨意追加上去的，孔子在《論語》中即曾提到夏
商周三代之禮有所損益沿革，杞宋不足徵之遺憾。其次從商周銘文中確實發
現有『豊』、『豐』二字之別，今之『禮』應可溯源於『豊』字，不能由『豐』
與『禮』之間尚須經過一種發展，而誤以爲夏殷之禮不具人文性質。再者，
從考古挖掘出土之青銅銘文中，直至西周時『禮』字並無『示』字旁，石鼓
文字中始見有『示』字旁之『禮』，而其刻寫年代眾說紛紜。目前學界較傾向
肯定其爲秦統一六國前遺物〔註17〕，張光遠先生對此更且有所論辯，主張此
約爲秦襄公十年時（紀元前 768 年，相當於東周平王三年）所作之獵碣，爲
秦之先期直接承自西周末期之文化遺風，然後自行變以成格之文字〔註18〕。
因此『禮』之爲一觀念特別強調其祭祀之特質，當是西周之禮制完備後強調
社會性、人倫性所衍生之形式化的產物。換言之，周公之制禮作樂時並未將
『禮』視爲一觀念，其最大功績之一是將基於殷制之禮樂擴大至宗法制度及
政治、社會、人倫等行爲規範中，作爲人之行爲準則，但是當時之『人』是
著重在其爲政治、社會制度中之『人』。因此『禮』也只是一種人在制度、關
係中的行爲準則，並不強調其爲個別人之德性，同時也不是將之視爲觀念作
一導源性之探討（這在文獻上除了《論語》、《老子》之外，《左傳》、《國語》、
《禮記》倒是提供了不少線索，但基本上也已是東周時期及其後之事了）。再
次，依照陳戍國先生在《先秦禮制研究》中所言，禮制是一不斷豐富完備之
事，在原始時代早已有祭祀、交易等行爲活動〔註19〕，不過就目前考古上所
發現之各種出土文物及文字而言，殷商之禮制概況可有所說明及確信處，其
禮制已涵括：宗法、祭祀上帝、祭祀先王、貞卜、朝聘貢巡、軍禮田狩、婚
禮、耤田禮……等等〔註20〕。最後筆者在此僅有一小結論；從政治、社會、
文化的觀點而言，我以爲人文的確立至少在時代上或應提前至殷商，而不是
以西周爲分界點，夏代由於文獻及考古上還沒有確證之文物做完善之說明，

〔註16〕 參閱《中國人性論史》——先秦篇，頁 42～43。
〔註17〕 參閱《中國文明史——先秦時期》下冊，頁 907。
〔註18〕 參閱張光遠著《先秦石鼓存詩考》，頁 48～50。
〔註19〕 參閱陳戍國著《先秦禮制研究》，頁 9～18。
〔註20〕 同上，頁 111～185。

所以在確認上我採取比較保守之態度，但也不是因此否認其人文性質，至於夏之前則更是持一種保留心態視之。

　　名，在字源學上是從『夕』從『口』，依李孝定先生之說，是主張採取許氏在《說文解字》中之解為『名』之本義，按說文「名，自命也，從口從夕，夕者冥也，名不相見，故以口自名」，李先生更且引戴侗之說相發明，其義為：夜晚時由於旌旗徽幟不可辨識，必須自報號名以吻合口令方得以放行進入〔註21〕。由此筆者不免作一哲學性之設想，即：就文字起源而言，尤其是以象形文字為源頭之社會，文字之所以出現，必是相應於一種事實情狀之顯示而欲有所表達。因此作為一符號它可能是指涉一物象，也可能指涉人之行為狀態，而自身也呈顯一種意義（meaning），『名』之意義則說明從冥暗中，以人之方式表達其與冥暗有所辨別，辨別時一方面說明自身之存在顯現，另一方面呈顯自身之同一性。另外還說明自身之排它性、區別性，及自身具有一種符應之特質，符應於他人之認定。換言之，『名』是人文表達之一種表徵符號，同時也具有存有學之意義——等同於該存有物之呈顯，而不是符號自身即是一具體存有物。另外，『名』也具有形上之辨識義，即是在一不可識別中說出自己，或使它物可被辨識，此一可被識別之特質，是在可視性之外尋求另一種可能——自名或命名，此則與言說不可免地有一關聯，若從其源始意涵而言，『名』之為一動作表達，在經驗事實中即是「以口發音作為交際之工具」〔註22〕。

　　其次，就時代之政治、社會狀態而言，遠古時代之人類如何確立一物之『名』，大抵需要從民族學與哲學設想中論述，但是筆者並不鑽研民族學，對於這方面之知識可謂所知貧乏至極，至於哲學理論之設想與論述，則已是春秋、戰國諸子學爭鳴時的產物。因此對於『名』的探究是就事實中已呈顯之現象說明其必需性，這主要表現於氏族與宗法制家族中，依徐錫杰先生所言：構成宗法式家族的不可缺少之條件為氏姓與譜牒，氏姓是宗法式家族組織的名字，是標識家族的一個符號，譜牒是記錄家族成員間的血緣關係的簡冊。氏與姓不同，姓是指在母系氏族社會凡由同一個女子繁衍出來的後代，都有同一個姓，到父家長家族產生後，姓仍繼續保留下來，但變成了從父而姓；凡同出於一個始祖父的子孫都同姓，隨著生產力的發展和社會的進步，當人

〔註21〕參閱李孝定著《甲骨文集釋》卷二，頁 67～76。
〔註22〕參閱湯炳正著《語言之起源》，頁 67～76。

口增殖到一個家族包容不下時，必然要分裂出去，另成立新的家族，所有的新家族自然都和老家族同姓，可總不能都用同一個名稱。因此新家族都要另取一個名稱，以同舊家族和別的新家族相區別，這就稱爲『氏』。從氏的起源來說，姓和氏只有整體和個別之分，而沒有貴賤之分，譜牒是文字產生後，人們用文字把這種血緣關係記錄下來所形成的簡冊，目前還沒發現商以前較完整的譜牒，周代譜牒今也已亡佚，但可以肯定漢代時人確曾見過，司馬遷就曾說從周以後譜牒乃頗可著之語。譜牒之形成基本上是緣於宗法式家族之需要，宗法式家族是一種血緣組織，內部關係組織之清楚是家族得以長久維繫與發展的重要因素，其形式則載有父輩名諱、子輩名諱、生卒年月，若有諡號亦載於名諱之下，這樣一種名諱在家族中的必須性，並不限於大夫、士，也適用於天子、諸侯、庶人，甚至也適用於奴隸，譬如殷民七族經過改朝換代後，其社會地位雖已淪爲奴隸，但原有之家族組織並未因此而打散，只是整個家族爲主人服役。〔註 23〕於此，我們可說『名』在夏商周三代的政治、社會狀態中所起的必要作用是：確立宗法式家族成員間之區別性、成員間之血緣關係及區別後所具有之同一始祖之宗統，並以此維繫了宗法制中血緣關係之親疏在政治運作中的明確性與殊別性。雖則宗法制度即是「將當時社會上存在的各類各級同姓家族組織區分爲大宗、小宗，規定他們相互之間的權利和義務的制度，是人們制定的規範宗族制度的一系列原則和辦法」〔註 24〕，但是『名』在宗法制度運作中所起的明晰與確定作用並進而維護其在當時政治、經濟、社會條件下的穩定發展確實功不可沒。

再次，就文獻資料而言，『名』在卜辭中是借用作地名、人名〔註 25〕，在金文中則已具有指謂事物之符號作用、命名及『銘』之作用。〔註 26〕『銘』，《禮記・祭統》曾言：

> 夫鼎有銘，銘者，自名也。自名以稱揚先祖之美，而明著之於後世者也。

『名』這樣一種自名作用，事實上即是一種顯示自身之存在，而不論作爲一

〔註 23〕 參閱徐錫杰著《中國家族制度史》，頁 104～121。關於「姓」、「氏」在周之前與西周時之意義及轉變尚可參閱徐復觀著《兩漢思想史》卷一中之詳細論述，頁 295～313。
〔註 24〕 同上，頁 108。
〔註 25〕 參閱馬如森著《殷墟甲骨文引論》，頁 298～299。
〔註 26〕 參閱《商周甲骨文字讀本》，頁 304。

符號，或是命名，或是自我顯明，事實上都表達了它的辨析作用，這種辨析
是藉由人之發聲、語言等所達致的。因此它與『禮』作為人文表達之辨析有
所不同，其差異在於：『禮』之為一人文辨析是就行為、儀式作一縱向性之分
辨，分辨人與天、帝，或說人文與自然之斷裂，同時它也是重新建構聯繫之
契機；『名』之為一人文辨析是就語言表達做一橫向性之分辨，分辨自身與自
身以外之人、或它物，是一種存有物之間的辨別。簡言之，『禮』作為一人文
表徵強調其聯繫性，『名』作為一人文表徵則強調其區別性，二者同為人文表
徵，並不是背道而馳之兩向，而是相互維繫之兩向，其具體例證即是宗法制
度的呈現。宗法制雖則商周有所不同，但基本上都是當時政治、社會、經濟
的基本法則與制度依據，由『名』之不同所形成之宗別，在『禮』上亦有所
別，《左傳》莊公十八年曾提到：

> 王命諸侯，名位不同，禮亦異數，不以禮假人。

這是左氏記載魯莊公十八年春時，晉侯與虢公朝覲周天子之事，左氏批判周
天子賜給晉侯與虢公相同之酬幣，而其理由則是依據宗法制中晉侯與虢公在
親疏關係上並不對等，虢公是魯隱公八年夏始作卿士於周，晉則是西周武王
之子的封國〔註27〕。因此晉侯在親疏關係與宗法等級上遠較虢來的密切與
高，竟然周王給以相等之酬幣，是以不合『禮』。雖然這是春秋時之事，但周
之禮制並未在平王東遷時有所大變革，於此亦可見西周時『名』與『禮』已
相結合，『名』此時已不僅僅是一名字、稱謂等符號，同時也是身份地位的表
徵。換言之，『名』不純粹是一指實之符號，它事實上比一符號還具有更多的
內容即實存之特質，作為一身份地位的表徵，本身的呈現即是該實存物在政
治、社會、宗法、經濟的顯示，所以可以說具有存有學上之政治、社會⋯⋯
等功能。另外，在《左傳》文公十八年中曾記載：

> 季文子使大史克對曰⋯⋯先君周公制周禮曰：「則以觀德，德以處
> 事，事以度功，功以食民。」作誓命曰：「毀則為賊，掩賊為藏，竊
> 賄為盜，盜器為姦。主藏之名，賴姦之用，為大凶德，有常，無赦。
> 在九刑不忘。」

從這則傳文記載除了確證周公曾制周禮外，也指出周禮與殷禮之間的不同，
殷禮是作為一王與天、帝重新聯繫的行為儀式，並藉此一行為儀式，王獲得
他在「名——禮」世界的權柄。因此相較於此一層域，是一「蠻夷」之層域，

〔註27〕參閱《左傳》僖公二四年，即金景芳著《中國奴隸社會史》，頁206。

其所指則是王之權柄所管轄不到之域，雖然這是一非「名──禮」的層域，但卻也以一種「貢」的方式與王畿有一間接聯繫。因此它並不是「名──禮」層域真正被辨析而呈現之底基。此一底基依殷之時代背景而言，乃指向「帝」；「帝」本身即是一大神祕的表徵，祂具有無窮威權，有一種類似宗教上被崇仰之神般的奧祕與不可解，祂透過自然界中之諸種現象顯示著為人所驚異的運作，由於這種聯繫使得處於「名──禮」世界中的王行事時每每揣測上意，此可由諸多卜辭中之記載得知，並將自然界之現象解釋為「帝」之賞罰意志之徵象〔註28〕，不過殷人之帝「遠未上升到人們所想像的至高無上的萬物主宰地位」〔註29〕。至於周禮雖然仍因襲著祭祀等儀節，並且將『禮』作為社會儀節、禮俗、尊卑等行為規範予以完備，但在統治權的取得上已不再是商朝那種依著血統之模式，而是提出『德』作為獲得天命之憑依。因此作為王與天的聯繫不再依靠『禮』之祭祀行為表達，而必須依仗為王者是否有『德』，其憑藉遠則溯自「文王之德之純」，近者則責求王之敬德，以永保天命〔註30〕。『德』之內涵則包括：敬天、孝祖、保民〔註31〕，禮樂基本上則只是被規範、被制度化的行為準則，由於『德』並不是一可見之物象，也不是某種標準或規範化了的行為表現。因此，作為王之呈現根由、以及人文與天之分辨所在的『德』，就必得借助人文建構中之「名──禮」為其判準，合於「名──禮」的行為表達才是吉德，此則如孝敬、忠信是也，若不合則是兇德，此則如盜賊、藏姦也。以另一個角度思之，禮樂之制的廣袤，即是『德』在時間中的綿延，「禮樂」之制與『德』在主從關係上，目前至少有兩種不同之意見：其一為王國維先生在〈殷周制度論〉中所言「周之制度典禮，乃道德之器械，而尊尊、親親、賢賢、男女有別四者之結體也。」〔註32〕另一主張則如任繼愈先生在《中國哲學發展史》所辨解之「周人的道德是從屬於政治制度的」〔註33〕。筆者在此並不想提出一折衷論調，的確在屬人的事務中，倫理道德與人文制度是一相為表裡、相互從屬之設計，但在哲學的思辨中，『德』確實在西周時代展現了更為雄渾之人文內涵，它不僅是作「名──禮」所呈顯之道德，

〔註28〕 參閱李民主編《殷商社會生活史》，頁57。
〔註29〕 同上，頁325。
〔註30〕 參閱《尚書》召誥：「惟王其疾敬德，王其德之用，祈天永命。」
〔註31〕 參閱馮契著《中國古代邏輯史》上冊，頁76。
〔註32〕 參閱王國維著《觀堂集林》第二冊，頁477。
〔註33〕 參閱任繼愈主編《中國哲學發展史──先秦》，頁106。

而且是一人文設置的總精神指標。換言之,『德』不僅是永保天命之依據,也是王經由禮樂之展現以道德倫理爲經緯之政治、社會的歸向,更且是王之所以爲王的準據,此可由《詩經‧大雅‧皇矣》篇中得知:上帝遷命於周,是由太王、王季、文王之盛德積累而至,文王伐密伐崇之得以勝利也是因其『德』。既然作爲周文最具徵象之人文辨析是在於『德』。因此作爲此『德』呈立之始源與殷時之『帝』自有不同,祂不再是一大神祕,而是一看盡人間有德、無德的『天』,並且似乎可以爲人作一抉擇,取擇『德』爲聯繫之價值所在。因此此一人文設置之基礎是一涵攝人文之德的自然,它似乎具有一種人格特質,但不等於道德性,更確切地說,它是價值呈立的始源。此可由《尚書‧康誥》中所言之「克明德慎罰」及《尚書‧君奭》所言之:「天不可信,我道惟寧王德延,天不庸釋于文王受命。」得知:『天』作爲一『自然』,它是無親無私的,但是當人文作爲一事實呈現的同時,價值的出現呈現爲相對應之特質,『天』同時昭示德與刑,作爲人事所法之根源,『德』說明一種聯繫,『刑』則指出與天之悖離,《尚書‧皋陶謨》曾言:

> 天敘有典,我五典五惇哉;天秩有禮,自我五禮有庸哉。同寅協恭和衷哉。

> 天命有德,五服五章哉;天討有罪,五刑五用哉。

雖則如此,但是就『天』與『人』之關係之建構,仍是以『德』爲主,刑之出現基本上仍是爲了確保德之教,《尚書‧呂刑》所謂「惟敬五刑,以成三德」即是指出用刑仍是以『德』爲其考量之重點,並以「德主刑輔」爲中國法律文明確立「禮刑並用」、「出禮入刑」之統治模式〔註34〕。

第二節 「名/禮」問題的發生與探究

在西周以『德』所建構的「名——禮」世界,至幽王時已因政治腐敗,社會動盪,及西方少數民族犬戎入侵,西周王朝終於滅亡〔註35〕,其肇因則始於幽王寵愛褒姒,廢掉申后和她所生的太子宜臼,申后的母家是姜姓的申國,申侯聯合魯侯、許文公等,立原太子宜臼於申,即周平王,同時虢公翰又立王子余臣於攜,造成二王並立的局面,晉文侯站在平王一邊,公元前760

〔註34〕 參閱《中國文明史——先秦時期》上冊,頁108~120。
〔註35〕 參閱李學勤著《東周與秦代文明》,頁4。

年，殺死了攜王，確立了平王的統治〔註 36〕，東周於焉確立，但東遷後之周
王室王畿範圍已不如西周時期，在歷史上扮演主導角色的也不再是周王，而
是諸侯國。擁有較強經濟、軍事實力的諸侯國，競相吞併鄰近的弱小諸侯，
周王對此無力干涉，只得予以承認，其結果是強者愈強，出現實際左右全國
政局的霸者。不過諸侯國內部也不是平靜的，和周王室的衰微一樣，不少諸
侯國的公室也走了下坡路，政權被一批卿大夫甚至卿大夫的家臣所把持，結
果有的諸侯國的君位被卿大夫取代了，有的由於幾家卿大夫勢力相當，分割
成幾個政權，整個局勢由於有時聯合結盟，有時紛爭頡頏，呈現出複雜紛亂
之局勢，所謂「春秋無義戰」即此之謂也〔註 37〕。簡言之，西周末春秋時期
由「名／禮」所建構的政治、社會現實已然遭受質疑，這還可以從《左傳》
昭公六年（公元前 536 年）鄭子產將刑書鑄於鼎〔註 38〕上一事得知：春秋時
已將王才能制定刑法之事拋於雲外，更且三代之定刑法是爲輔德、禮而有，
並未將之獨立出來與德治、禮制對等看待，進而視之爲治理國家之法寶。因
此子產鑄刑書不但是一種僭越禮之行爲，同時也摧毀了德治之名禮制度。

　　其次，在春秋晚期由於政治上之紛亂，也導致士階層的轉變，「士」依顧
頡剛、余英時等先生之說是「最低級之貴族」〔註 39〕，介於大夫與庶人之間，
其文化之淵源，則是當時貴族知識份子所學習之禮樂射御書數之六藝與詩書
之文教。因此「士」是一文武兼備之知識份子，其主要功能是作爲軍隊主力
聚居國都〔註 40〕；但是在公元前六世紀和五世紀之交，貴族有衰敗之具體例
證，例如：《左傳》昭公三年（公元前 538 年）叔向論晉國公室和貴族衰弱的
情況時說到：

> 雖吾公室，今亦季世也。戎馬不駕，卿無軍行，公乘無人，卒列無
>
> 長，庶民罷敝……欒、郤、胥、原、狐、續、慶、伯降在皂隸。

上述八氏本爲姬姓，或爲卿或爲大夫，但卻被降爲皂隸，屬庶民之列；再者
如昭公三十二年（公元前 509 年）史墨曾對趙簡子說：

〔註 36〕 參閱李學勤著《東周與秦代文明》，頁 32。
〔註 37〕 同上，頁 5。
〔註 38〕 依《左傳》昭公六年（公元前 536 年）之記載僅爲：子產鑄刑書一事，至於
　　　　鑄於鼎上，則是杜預之解，真正鑄刑鼎之明確記載，是《左傳》昭公二十九
　　　　年晉趙鞅、荀寅賦晉國一鼓鐵，以鑄刑鼎著范宣子所爲之刑書焉，孔子則批
　　　　評之。
〔註 39〕 參閱余英時著《士與中國文化》，頁 9。
〔註 40〕 參閱董立章譯著《國語譯注辨析》，頁 305。

社稷無常奉，君臣無常位，自古以然。故詩曰：「高岸為谷，深谷為陵」。

三后之姓於今為庶。主所知也。

除了貴族之衰敗降為庶人外，在春秋末期庶人也已有上升之途，「但庶人之上升並不盡由於戰功，至少下逮春秋、戰國之交，庶人以學術仕進者已多其例」〔註41〕，此時士庶之界限已難截然劃分。因此至遲在戰國時期已然出現「士民」之說（此出現於《穀梁傳》成公元年，公元前 590 年），士的社會身份也因此確立在「民」之範疇中，其內涵也有所變革。即：士不再是宗法封建社會中有所職司之貴族，而是從不斷擴大的士階層中游離出固有之體制，「進入了一種『士無定主』的狀態。這時社會上出現了大批有學問有知識的士人，他們以『仕』為專業，然而社會上卻並沒有固定的職位在等著他們。在這種情形之下，於是便有了所謂『仕』的問題。」〔註42〕士民在此一特殊歷史情境中，儼然成為春秋戰國時期歷史之舞臺中心，關於這一點董立章先生曾分析士人之所以成為主導歷史之因素在於：（一）士人處於社會中層，介於貴族與庶民之間，因此能與這兩階層之人有多方面之聯繫與瞭解，能深知廣大庶民之需求，而自身又有參予政治之權利與機會，不但對文化之變革有所掌握，又能瞭解社會現實帶給廣大庶民之不安定感，是以能有所思並進而反映。（二）士人具有知識，能憑其才學與思緒對社會現實予以條理化及規整化，並進而提出一套自認之解決方式，尋求仕進之路，希冀此一藍圖能有實現之可能。〔註43〕「士」與「仕」觀念內涵的演變與出現，說明了春秋戰國時思想學術上百家爭鳴之現象的社會學因素。

再其次，由於貴族之沒落，知識不再為貴族所專有，「春秋中晚期時還出現過兩次重大的學術下移、典籍擴散事件。一次是在周惠王、襄王之間，因先後發生王子穨及叔帶爭奪王位的內亂，世代掌管周史的太史司馬氏離周去晉。一次在周敬王立位之前，王子朝爭奪王位失敗，旋率召氏、毛氏、尹氏、南宮氏等貴族和百工，攜帶王室所藏文典逃奔楚國。」〔註44〕甚至在當時貴族中已多不知禮之人了，《左傳》昭公七年曾記載孟僖子父子向士階層的孔子

〔註41〕參閱余英時著《士與中國文化》，頁 9～26，此句引述自，頁 15。
〔註42〕同上，頁 20。
〔註43〕參閱董立章譯著《國語譯注辨析》，頁 307～309。
〔註44〕參閱《中國文明史——先秦時期》中冊，頁 584。

學禮〔註 45〕，禮壞樂崩之景象在這一時期也早已是稀鬆平常之事，而「禮樂則是章學誠所謂官師政教合一的古代王官之學，也就是古代學術的總匯」〔註 46〕，另外仕進之路也爲庶民提供了改善自身經濟與身份地位的絕佳途徑，這除了士民階層之出現外，孔子之前或孔子的同時，即有一批有志之士開私人講學〔註 47〕。換言之，貴族王官之學已然分散爲士民爲求仕進所必修習之學，此呈顯在思想文化上則是諸子百家之興起，余英時先生則以徵引美國當代社會學家帕森思（Talcott Parsons）之說，稱此一學術上之百家爭鳴現象爲中國的「哲學的突破」〔註 48〕。以下則主要針對當時知識份子面對生存環境中禮壞樂崩現象在思想文化上的探究做一簡略說明，並以春秋戰國時影響中國思想文化的兩大典範：老子、孔子之學說思辨爲主流，說明兩位哲學家對問題處理之建構方式。

壹、從思想層面考慮問題的癥結所在

　　西周末所發生之僭禮事件，蔓延至春秋戰國時期各諸侯國內亂，禮樂之制遭受質疑，同時也呈顯出作爲周之其命維新之『德』，及以此爲標的之宗法禮制的建構，必須重新被考慮其適切性。周王之需疾敬德，基本上是有周認爲天命靡常，王之能否得天命是依據其『德』而決定，原先『天』是指向一人文價值呈顯之根源與始基，當『天』作爲人文指標在宗法禮制中則是指向『民』，所謂「天聽自我民聽，天視自我民視」（《尚書》）、「天生烝民，有物有則」（《詩經》）、「天畏棐忱，民情大可見」（《尚書・康誥》）。『天』就其實質而言，並不是一道德性之天，『德』在當時也是以王之作爲，爲其考量之條件。以今日之語言之，即是就王之政治作爲是否敬天保民爲取擇之判準，禮樂宗法之制的設置，即是確保德政之施展，同時也是天命得以延續的保障。這在當時是定於一尊之思想。但是西周末時，『天』與『德』的內涵已有所轉化，其意義也有所分歧：首先，『天』的崇高與廣袤之特質已因著厲王、幽王之無道，導致人民有怨天之不平之憤，此從《詩經・小雅》之〈節南山〉與〈雨無正〉的詩篇中可知『天』已成爲一種可被對象化之天，它好似人一般

〔註45〕 參閱余英時著《士與中國文化》，頁 25。
〔註46〕 同上，頁 26。
〔註47〕 參閱董立章譯著《國語譯注辨析》，頁 585。
〔註48〕 參閱《中國文明史──先秦時期》中冊，頁 27～33。

是可被咒罵爲殘暴不仁、冥頑不靈者〔註49〕。其次，在《詩經‧小雅》之〈十月之交〉中，人間之災禍疾苦並非由『天』所降，完全是人的因素使然，所謂「下民之孽，匪降自天。噂沓背憎，職競由人。」三、幽王時之大夫伯陽父解釋地震時〔註50〕，已將自然現象作爲社會政治的徵象，而導致此一自然現象之出現者，並不是周初所謂之『天』，而是自然運轉中之天地陰陽之氣的失序使然，『天』似乎已有轉向自然之天的傾向。四、幽王之史官史伯和鄭桓公議論周之衰頹可否挽救時說到：「待於必弊者也。〈泰誓〉曰：民之所欲，天必從之。今王棄高明昭顯，……去和而取同。夫和實生物，同則不繼。以他平他謂之和，故能豐長而物歸之。若以同稗同，盡乃棄矣。故先王以土與金木水火雜，以成百物。……聲一無聽，物一無文，味一無果，物一不講。王將棄是類而與專同，天奪之明，欲無弊，得乎？」(《國語‧鄭語》)從這一段話可得知『天』仍然具有周初之特質，天命靡常。

由於『天』之意義的分歧，作爲與『天』聯繫之媒介的『德』在內涵上亦有所轉化。『德』的呈顯在西周時是藉由宗法禮制之行爲規範，其內涵主旨爲：親、祥、仁、義〔註51〕、忠、信、卑讓〔註52〕，大抵皆就政治宗法事務而言，所謂「夫德，儉而有度，登降有數，文物以紀之，聲明以發之，以臨照百官。」〔註53〕是也。另一方面，『德』在西周是治國之法紀與永保天命之標的，刑罰只是出於不得已，所以是『明德慎罰』，刑也是在國有亂政時方作之書，因此刑、德並非對等地同爲治國之法。但是春秋時則已有轉變分歧之情況：首先，『德』仍具有周初之內涵，此可從《左傳》中關於春秋早期時之記載，常常引用《尚書》之言作爲事件處理之指標中得知；其次，『德』之爲治國之標的已有所範限，即對於治國之事各諸侯已意識到刑、法之重要，譬如：鄭國子產鑄刑書（公元前536年）、晉國趙鞅以范宣子所著之刑書鑄於鼎（公元前513年），更且早在魯宣公（公元前597年）、成公時（公元前574年）已將德、刑並舉〔註54〕，鄧析做《竹刑》（公元前545）年、子產相簡公，

〔註49〕 參閱董立章譯著《國語譯注辨析》，頁615。
〔註50〕 參閱《國語‧周語上》：「伯陽父曰：周將亡矣。天地之氣，不失其序，若過其序，民亂之也。陽伏而不能出，陰迫而不能烝；於是有地震。……」
〔註51〕 參閱《左傳》僖公十四年。
〔註52〕 參閱《左傳》文公元年。
〔註53〕 參閱《左傳》桓公二年夏。
〔註54〕 參閱《左傳》宣公十二年（公元前597年）及成公十七年（公元前574年）。

作《封洫》（公元前 543 年），這些事件都顯示『刑』已逐漸脫離作為『德』之則之『禮』的範域，獨立成為可與『德』相等看待之事；三、『德』在春秋中期時，作為與『天』聯繫之特質已有轉變，已出現作為政事中之一種處理方式，即成為戰爭時的手段之一，是一種『施惠之事』，《左傳》成公十六年曾提到：

> 司馬將中軍，令尹將左，右尹子辛將右。過申，子反入見申叔時，曰：「師其何如？」對曰：「德、刑、詳、義、禮、信，戰之器也。德以施惠，刑以正邪，詳以事神，義以建利，禮以順時，信以守物。民生厚而德正，用利而事節，時順而物成，上下和睦，周旋不逆，求無不具，各知其極。

四、宗法之制中所顯示之『德』基本上是以血緣關係為主軸，忠、孝、敬德、保民等表達是屬於『德』之範疇，但在魯襄公、昭公時『讓』成了『德』範疇中之一主要項目，『讓』是一種謙讓，是解消爭心的方式，也是一種『禮』的表達，而能『讓』依晏子之說主要乃是齊桓公『尊王攘夷』精神的延續。但是晏子之重點並非齊桓之維繫宗法禮制，而是得以『霸』〔註 55〕，且不論晏子之目的是否得當，但是就『讓』之標明而言，的確是以一種非血緣關係中呈顯之美德擴大宗法禮制中『德』的範疇，而且在依《左傳》襄公十三年之載君子之言中，『讓』之提出確實是為了維護宗法禮制。

　　『天』、『德』意義之分歧與轉變，相應的在『名』、『禮』內涵上亦有改變，當齊桓公召集諸侯開葵丘之會時，曾訂立盟約，提出「任人惟賢」，廢除因血緣關係而世襲〔註 56〕之想法，以及春秋時宗法禮制之遭受嚴重破壞〔註 57〕，不可避免地將使宗法中之『名』也在混亂中，『名』與『實』之關係已不如從前之確定與固定，『名』與『禮』、『刑』之關係也在游離中，鄧析之《竹刑》、子產之《封洫》都是就宗法中之禮、刑問題提出新的見解以符應當時之社會、政治生態〔註 58〕，對於這樣一種新說，依常情而言不可避免地需要解釋與遊說，此有所謂鄧析之『操兩可之說』，後人稱此為刑名學之發端》依孫中原先生之意，刑名有二義，一為形名，即名實；另一為刑名，此即「斟酌

〔註55〕 參閱《左傳》昭公十年，晏子謂桓子一段。
〔註56〕 參閱馮友蘭著《中國哲學史新編》（一），頁 117。
〔註57〕 參閱《中國哲學史綱》（一），頁 108～109。
〔註58〕 參閱孫中原著《中國邏輯史》（先秦），頁 15。

法律條文的語詞、概念，對法律作出種種解釋，以求滿足當事人利益和需求」〔註59〕，姑且不論鄧析之刑名說究指何意〔註60〕，但就此中『名』之凸顯，『名』不只是名稱，而是物象思維與事象思維中具有可分辨之指稱與屬性而言，『形』與『刑』並非截然無關，此乃緣於物乃事之呈顯的結構組成，物象中所涉之『形』與『名』及事象中之『刑』與『名』因此是在一種互相關涉中，形名關係之失當，在當時政治生態中即是『禮』發生問題，『禮』之遭受破壞，及刑法之被強調，必然招致刑名分辨之必然，此乃兩造立場不同使然，是以由分辨而有所謂論辯之可能，『名』因之不可免地與『言』有所相關涉。

貳、兩種典範之說明——孔子與老子對問題之探究

1. 首先是關於老子

在《老子》一書中，我們可以發現作為哲學根源之『自然』一詞的首次出現〔註61〕，其意義所指若從哲學架構而言，是對「混而為一，不可致詰」及「淵兮似萬物之宗」、「湛兮似或存」的明確顯示，其性質則是「玄之又玄，眾妙之門」，它與『道』有所相似性，即就『域』的指稱而言，『自然』與『道』有別，所謂「人法地，地法天，天法道，道法自然」（《老子》二五章），但是『自然』與『道』於其內容、其『用』上則是相同，所謂「道可道，非常道」、「道沖而用之或不盈」，說明『道』之自身具有一種惚恍之特質，《老子》二十一章有言：

> 孔德之容，惟道是從。道之為物，惟恍惟惚。惚兮恍兮，其中有象；
> 恍兮惚兮，其中有物。窈兮冥兮，其中有精；其精甚真，其中有信。
> 自今及古，其名不去，以閱眾甫。吾何以知眾甫之狀哉？以此。

基本上此章提供相當豐富之線索，其中之一說明『道』的特質，既是一種渾沌不可辨識的『惚』、『冥』，又是一種可在人的表達、認識之氛圍（恍、窈）中顯示為一呈現。線索二則是對於不可辨明卻又呈現於表達中之弔詭，明白地肯定其信實，這不僅就其自身而言是如此（所謂『真』也），且就其與人之關係而言、或說在人文表達中亦如是（此即所謂『信』也）。線索三則說明使

〔註59〕 參閱孫中原著《中國邏輯史》（先秦），頁 15～16。
〔註60〕 依孫中原先生之意，鄧析之「刑」指對「法」之解釋與分析，但若依《鄧析子》之文，鄧析也提過「循名責實」（參閱《中國邏輯思想史料分析》32）。
〔註61〕 參閱張岱年著《中國古典哲學概念疇論集》頁 79～80。

呈顯惚恍、象、物、精之現象的根由在於道之『爲物』〔註62〕與『名』。『爲物』是說明『道』作爲一顯現於人文意識之層域中具有被對象化之可能；『名』則是其間之關鍵，因爲唯其具有『可名』之特質，它才是人文層域中之『物』。就此而言，《老子》書中只是素樸地肯定『物』與『名』之間有一相符性〔註63〕，並未明辨『物』作爲現實中之顯示與名言中之被肯定、被認識之對象。因此並未對此一主題深入辨析〔註64〕。儘管如此，『名』仍然具有分辨之作用，一方面辨明『道』的雙重性，即『道』不僅是一人文中之呈顯，其自身也是一渾沌之『自然』；另一方面則指出『道』爲一雙面迴向之顯示，即它是人文中之最終指標，也是人文之始源。換個角度說：就哲學結構而言，『名』是一人文層域中之辨析——辨明自然與人文，它是一思辨之作用，說明人文之特質；若就哲學之內涵指向性而言，則是關涉當時代之生存環境，『名』所涉乃是生活中之符號、概念……等一切在人文設計中的指稱、表達，所謂「始制有名」是也。線索四則指出『孔德』與『道』之間的關係，『孔德』基本上必須符應與跟隨『道』，而此『道』之所指是就其爲人文中之呈顯而言，於此設若我們將『德』返置於其爲西周之人文精神、天命永續之表徵，則必然產生一疑惑：『道』在《老子》中具有何種哲學作用？『道』之被凸顯的意義又是怎麼一回事？

　　依循著線索四，我們將發現《老子》一書中的哲學思想截然不同於西周時所建構之人文禮制之思想，當時『德』是人文的指標，承載此一人文徵象、或說作爲人文價值始源的載體是『天』，『天』就其爲人文價值之始源，它是一具有裁定力的崇高權威，若說這是一種意志之表現，則它不是如同人一般之『意欲如何』之意志表現，而是責任需求裁定的歸屬者，這是在其自然無親無私的實質內涵上包裹人文外衣。因此『天』表現出雙重特質，一方面是渾沌之自然；另一方面是承載人文價值之始源，是人倫價值之終極決斷。因此當西周末、春秋時期之混亂發生時，不但是禮制大亂、名法失序，在思想上更引起了現實問題，乃至根源問題之探究，此一問題或可說明爲：因『德』

〔註62〕參閱《老子通》中對《老子》二一章之解釋，「爲」指「創生」，及馮友蘭著《中國哲學史新編》(二)，『爲』是人爲之表達，有造作模擬之意，頁55～61。

〔註63〕參閱《老子》十四章，《老子》書中肯定人文中可被說明者爲一「物」，「物」必可「名」之，若其不可名，則爲無「物」。

〔註64〕最早明確此一辨析者是《莊子·齊物論》，所謂「物謂之而然，……無物不然，無物不可。」

所承續之天命，及由禮與名所建構之宗法人文世界究竟是怎麼了？？？如果王不再具有共主之權威，人文設制面臨破壞與摧毀之危機，那麼人如何為其生存重新尋求確立？？？《老子》書中『道』之提出與『自然』之顯示，即在回應『天』之雙重性與生存難題，而在根源問題之探究上指出一不同於西周所要求的道德價值之方向。換言之，《老子》書中是以『道』消除『天』之為雙重性所引致之混淆——『天』究竟是意志之天抑或是自然性之天，就此而言，《老子》書是重新確立其一致性，但不再以『天』為其說明，而是以人皆行之之路——『道』，說明其為根源的遍在與人之所從的始源，另一方面必須確立其自然性的理由，在於人文機制之『禮』已然成為一形式性之表達，它是一切亂之根源。《老子》三十八章有言：

> 上德不德，是以有德；下德不失德，是以無德。上德無為而無以為，下德為之而有以為。上仁為之而無以為，上禮為之而莫之應，則攘臂而扔之。故失道而後德，失德而後仁，失仁而後義，失義而後禮。夫禮者，忠信之薄而亂之首。……

在整個哲學結構中，道、德、仁、義、禮的定位於此相當清楚，《老子》書中是將『禮』就其為現實中之呈顯，說明其於人之外在性，它已不再是西周初期所言之『禮』，而是與基於真誠所顯示之行為相悖離之形式表達。《老子》書中基本上鄙棄這一種形式表達，並且棄絕由此一形式所建構之人文表達，一切依此設置之人文價值因而也不再是一種判準。換言之，《老子》書中呈顯一種棄絕『天』之為意志性、道德性，強調渾沌之美的『自然』才是人真正的始源，一切人文作為是基於此一顯示的表達，是以呼應意志性、道德性的宗法設置也不被肯定，代之以「小國寡民……鄰國相望，雞犬之聲相聞，民至老死不相往來。」（《老子》八十章）『德』因此不是人文價值中之德性、德行，而是具有與『道』、『物』相關涉之表達。就其與『物』之關涉而言，它是『物』之得以呈顯的基礎〔註65〕；就其與『道』之關涉而言，它一方面與『道』具有存在上之延續性，另一方面是物在『名』的世界中之最終指標，此即『玄德』是也。換言之，『道』與『德』之分辨是基於「名」，甚至於『道』

〔註65〕參閱馮友蘭著《中國哲學史——附補篇》，馮先生是以「德」為物之個體化原理，基本上筆者並不以為錯，但筆者不願以此方式說明「德」，因為《老子》中所言，不單是從存在與個別物上言，主要還涉及一始源問題，也涉及其為自然性呈顯的內容，因此若單以個體化原理說之，筆者以為失之太簡。

之雙向性的惚恍特質之分辨也是因著「名」，只不過『道』是「名」之消極性作用的指稱，是不可名、無名者，但可強「字」之，可「謂」之，「字」、「謂」與「名」是不相同之作用，「名」基本上具有與『實』等同之存在特質，謂與字則是基於『實』，而人以另一種方式所給的稱呼，是基於『用』不得不賦予的稱呼〔註66〕。

就上述《老子》書對於問題探究之分析，我們或可進一步作一簡要結論：《老子》書中所呈顯之基本立場是反對『禮』的形式化，因而反對藉『禮』所建構之人文價值，鄙棄以人文價值為唯一導向與判準，它強調非人文道德價值性之根源的追溯，並指出『道』與『自然』作為承載萬物之載體。一切只是『自然』──自己如是，由自而然，由然而自──而已，對於人之事實，也只是盡量以「正言若反」、守柔、守雌、為無為等方式消除因人文道德性、意欲等所招致之價值準則，及由此而生之思考方式。但是對於「名」的問題，《老子》書中則指出兩個方向之處理，就其與「禮」共同建構之宗法世界而言，則是一種解除之方式，反對這樣子的一種人文設置；但是就「名」之始源的說明上，仍然肯定「名」之指實性。換言之，《老子》反對「名」之為社會身份地位之表徵，而將「名」作為一與物相關涉之思考，因此「名」具有所謂名言思辨之因子。至於人之重新確立之生存方式，在《老子》一書中是提供一就其自身之真實面對的途徑，此即如五十四章所言：

> 善建者不拔，善抱者不脫，子孫以祭祀不輟。修之於身，其德乃真；
> 修之於家，其德乃餘；修之於鄉，其德乃長，修之於國，其德乃豐；
> 修之於天下，其德乃普。故以身觀身，以家觀家，以鄉觀鄉，以國
> 觀國，以天下觀天下。吾何以知天下然哉？以此。

事實上這即是一種『自然』，但是這一種原本是極其自然之事的由自身觀看自身的真誠方式，當經過人文價值洗禮過後，卻是增益不少人文障礙，使得人在返回其始源中，在真誠面對自身時，很容易就把人文價值作為唯一憑準、唯一之思考方式。因此《老子》指出一種「若反」的思考方式，藉由「反」的提出，指出「正」的確立與建構也只不過是一種選擇的結果，《老子》並不拒絕真誠之「正」。因此藉由「反」的把握指出選擇的另一種可能性，並由「正」與「反」的相反性質，重新確立真誠的「正」，將始源追問的方法性、時間性

〔註66〕關於「字」與「謂」的作用，可參考《中國人的名字別號》及《中國邏輯史資料選》〈先秦卷〉，頁 119～120。

止於如其自身之顯示的『自然』。依此,『自然』並非指與文明相對之原始,而是人文所確立之價值典範的消除。

2. 孔子對於問題之探究

敍述《老子》之哲學思想時,曾提到西周時「天」觀念之混淆,及人們必須重新確立自身之生存方式,這確實是生存於春秋時代者的困擾。孔子基本上採取一正面積極之回應方式,這或許與魯國文化相關,魯國是周公之封國,在各諸侯國之中確實具有文化傳承之優質。姑且不論此一優質,孔子自己也是有意識地表明立場,所謂「郁郁乎文哉,吾從周。」《論語・八佾》及「久矣,吾不復夢見周公」(述而篇),因此在處理問題之轉換上,孔子並不採取批判之立場,而是強調宗法制度在周之人文建置中的必要,但是他並不是從政治事務的設計中予以改制,而是從一思辨反省中重新發掘設置之所以然。因此處理問題之根源──『天』時,基本上並沒有採取斷然之措施,『天』仍然具有兩種意義,一種是自然之『天』,它並不屬於作為人文領域探究之對象,它只是顯示著,承載著人之生存域。《論語・陽貨》曾載:

> 子曰:予欲無言。子貢曰:子如不言,則小子何述焉?子曰:天何言哉?四時行焉,百物生焉,天何言哉?

> 子在川上,曰:逝者如斯夫!不捨晝夜。(子罕篇)

從上面兩則記載中,作為自然顯示之『天』並不屬於人文層域中的「言」所涉及之對象,也不是「言」之主體〔註67〕,「言」這一事實表明一種人文創作之成果,它不但是人身之文飾〔註68〕,也是人之心志的轉換性表達〔註69〕,這種肯定「言」外有無言,及「言」乃對人而有,依唐君毅先生所言乃始於孔子〔註70〕;確實提出「言」作為周初『天』義混淆之分辨者始於此。因此,『天』既然無言,則孔子也只能欲無言、罕言,也因此指出『天』所蘊藏之

〔註67〕 參閱《左傳》、《尚書》中之「言」,《尚書》中有言之主體為:帝、王。《左傳》則為:諸侯、卿大夫……等。當然這只是由政事記載之史書中所發現的,不過也可讓我們發現當時社會主體在王、諸侯、卿大夫,且西周時王才有「言」被記載下來作為典範之「言」的特殊權威,但不論主體是誰,都表明「言」是指具有重要象徵之話,至少《左傳》中並未將一般庶民所說之話當作「言」正視之。

〔註68〕 參閱《左傳》僖公二十四年,介之推:「言,身之文也。」

〔註69〕 參閱《左傳》襄公二十五年,「冬十月,……仲尼曰:《志》有之:『言以足志,文以足言。』不言,誰知其志?言之無文,行而無遠。……」

〔註70〕 參閱唐君毅著《中國哲學原論──導論篇》,頁227。

另一可能，此即作為人文指涉之終極，這是屬於人文意義之『天』。就此而言，孔子認同周初以『天』為人倫價值之決斷的根源，並且更加強化此一人文價值義之『天』〔註71〕，所謂「天生德於予」（述而），已將天與王及諸侯僭禮之現象消解為：天與人之聯繫，但是此一聯繫仍然建構於『德』。衡諸《論語》及相關之孔子言論，可以發現孔子之論述，旨在說明『德』之於『人』究竟如何可能？與到底這是怎樣的表現？畢竟周初之『德』是作為周王得天命的保證，德行之推展是基於建構宗法之制的『禮』與『名』。因此當『德』作為天與人之媒介時，孔子仍然是就『禮』、『名』、『宗法』等事象重新建構與說明。首先，關於『禮』的問題，孔子並不是就殷周『禮』之發生探源，而是就其為一事實存在之表達說明『禮』之於人的關係、或說人有此一表達的基礎何在？『禮』在當時確實是一行為規範，更且已納入一政治制度之中，孔子是當時之知禮者〔註72〕，更是以『禮』作為人之行為的規準，因此當時之諸侯、卿大夫有任何妄舉，孔子則以僭禮評之，其稱許管仲之尊王攘夷、或評晉國之鑄刑鼎一事，皆以『禮』為行事之法度，甚至在《禮記》中也發現孔子所言之『禮』不只是就政制法度而言，也就人倫之生死大事言『禮』，更且所言之『禮』已不只是單就形式規範為判準，基本上還強調其實質內涵，《禮記‧檀弓下》曾載：

> 子路曰：「傷哉貧也！生無以為養，死無以為禮也。」孔子曰：「啜菽飲水盡其歡，斯之謂孝；斂首足形，還葬而無槨，稱其財，斯之謂禮。」

孔子認為『禮』作為一行為準則，重要的不在於物財之豐厚所完成之表達，物財只是一種方便，衡量其財力所完成之表達才是適當的，所謂「禮，與其奢也，寧儉」〔註73〕，但終究財物之表達仍然是附帶性質的，『禮』之表達的真正意涵並不在於物質之呈現所帶來之文飾，而是『禮』這回事本身就具有

〔註71〕孔子之強化人文意義之「天」，與《孟子》、《中庸》有所不同，孟子是「盡心知性以知天，存心養性以事天。」《中庸》則是以德配天，孔子雖也知天命，但並不如孟子提供一方法進路，也未如《中庸》之將人之德強調至足以與天匹配，孔子只是在天與人之關係上提出「天生德於予」，肯定天人之聯繫，並在德的建構上，在禮的行為方面強調「仁」之為其本質特性，在宗法上提出「孝」、「敬」為本，在政治倫理上的糾正是指出「正名」。

〔註72〕參閱《左傳》昭公七年，「孟僖子病，不能相禮，……」一段。

〔註73〕參閱《論語‧八佾》：「林放問禮之本，……。」

意義，因此當子貢欲去告朔之餼羊時，孔子仍堅持『禮』之必要〔註74〕，雖則諸侯已不視朔，但周道之存，『禮』乃其主要徵象，若連其所呈顯之形式表達也去除，則是否定『禮』、甚至周道之存。基本上孔子是不能接受此一主張的，他認爲『禮』之爲一形式呈顯是必然與必需的，甚至人主體之參與也只是『禮』之意義呈顯的充分條件而非必要條件。因此探究『禮』之本源時，孔子是就『禮』之爲事而呈顯所涉之兩個面向說明，其一是從人主體之行爲表現而言，另一則是從與『禮』互爲建構之宗法血緣關係的表達中尋找源頭。就前者而言，《論語‧八佾》曾載：

> 子曰：人而不仁，如禮何？人而不仁，如樂何？

> 顏淵問仁。子曰：克己復禮爲仁。一日克己復禮，天下歸仁焉。爲仁由己，而由人乎哉？顏淵曰：請問其目。子曰：非禮勿視，非禮勿聽，非禮勿言，非禮勿動。……（《論語‧顏淵》）

就上述兩則記載中，我們發現『仁』與『禮』之關係相當弔詭，〈八佾〉之記載指出『禮』的表達在於人之『仁』，而顏淵篇則指出『仁』的表現在於言行之不違『禮』，馬振鐸先生是將這樣一種弔詭詮釋爲：「在他（孔子）看來，仁不是心性固有的東西，而是由外在的東西轉化而來的。仁即禮樂的原則或禮樂的精神，因此要想求仁，只能到禮樂中去求，離開禮樂無仁可求。如何求仁的問題實質上也就是如何使禮樂原則、精神轉化爲人的『爲我之物』的問題。」〔註75〕的確，孔子之『仁』並未如同孟子肯定其爲心之善端之一，『仁』也不是就人之性而言，而是就其爲與人之相對待中所呈顯之情懷、態度、行爲，其內涵主要是源自對『愛』的感知、體悟〔註76〕，但並不就是『愛』，它還需求外在規範之約制、或說符應社會體制之價值規範。因此筆者並不認爲孔子已經將禮樂精神成功地轉化爲『爲我之物』，這主要是因爲他面對『禮』這回事並不把它當作社會禮節看待而已，『禮』實質上具有更爲豐富之意涵，即它是政體之維護、永得天命不墜之保障，也是傳承周文所必需之精神。換言之，『仁』僅處理『禮』之內涵於人主體行爲表現中所必要之根源，至於爲其社會、政治關係之礎石的倫常價值，則訴之於宗法血親中之『孝』的探究。

其次，關於宗法血親中『孝』的說明。《尙書‧康誥》曾言：

〔註74〕 參閱《論語‧八佾》：「子貢欲去告朔之餼羊，……。」
〔註75〕 參閱馬振鐸著《仁‧人道》，頁59。
〔註76〕 參閱《論語》陽貨篇，「宰我問三年之喪，……予也有三年之愛於其父母乎？」

元惡大憝，矧惟不孝不友。子弗祇服厥父事，大傷厥考心；於父不能字厥子，乃疾厥子；於弟弗念天顯，乃弗克恭厥兄；兄亦不念鞠子哀，大不友於弟。惟弔茲，不於我政人得罪，天惟與我民彝大泯亂。曰：乃其速由文王作罰，刑茲無赦！

『孝』之源始意涵是表達其爲血親之倫理價值，但在西周之宗法體制中已然涉及政治事務，是當時「社會意識型態和倫理觀念的基本綱領」，並成爲天人合一思想的道德支柱。」〔註77〕不孝則可引致刑罰，於此可知『孝』在建構宗法倫理中具有一基礎之特質，是以維護宗法之『禮／名』發生危機時，肯定宗法建制之孔子則就兩個方向說明，其一是從宗法整體建構論述『孝』之基礎性，關於這一點，《孝經‧開宗明義章》曾云：

子曰：「先王有至德要道，以順天下，民用和睦，上下無怨，汝知之乎？」

曾子避席，曰：「參不敏，何足以知之！」子曰：「夫孝，德之本也，教之所由生也。復坐，吾語汝。身體髮膚，受之父母，不敢毀傷，孝之始也；立身行道，揚名於後世，以顯父母，孝之終也。夫孝，始於事親，忠於事君，終於立身。大雅云：『無念爾祖，聿修厥德。』」

『孝』在生存環境之整體架構上確實居於根本，即：『孝』不論在家庭結構中、抑或在國家政治、甚至是個人與天之關係中，都是處於倫理價值體系中之根本之道，這一方面可說是宗法封建政治結構之時代因素之相應使然，另一方面也說明思想探究對於體制之確立的鞏固，此考察中國歷史中政治倫理與家庭倫理之結合即可看出其影響之端倪，甚至在西漢宣帝時就曾在鄉校中設置《孝經》師一人；不過孔子所言之『孝』與西周言『孝』，在以人爲基準的建構體制上有所差異，即：西周所言之『孝』，依康學偉先生所言，其基本特點是宗法制在意識型態上的倫理表達，其重點是以王爲核心而建構之宗法制的尊尊原則而非親親〔註78〕；孔子則是生於宗法制面臨挑戰的時代，因此當指出『孝』在宗法制中的基礎性時，基本上是從血緣關係爲其考慮的起始點，所謂「孝始於事親，忠於事君，終於立身」，『人

〔註77〕參閱康學偉著《先秦孝道研究》，頁71。
〔註78〕參閱《先秦孝道研究》，頁71～82，及《禮記》中關於周道重尊尊之說。

倫』是其生活中的事實〔註79〕，『孝』是倫理結構之核心——家——關係之
基礎表達，孔子晚年之弟子——有若就曾闡明師意，指出『孝』之爲家庭
倫理基石，在人倫關係與政治結構中的根本性，並以之爲君子在德性之途
的必要把握與必需之始源，《論語·學而》曾載：

> 有子曰：其爲人也孝弟而好犯上者，鮮矣！不好犯上，而好作亂者，
> 未之有也。君子務本，本立而道生。孝弟也者，其爲仁之本與！

其二則就『孝』之意涵提出更本質性之界定，《論語·爲政》曾云：

> 子游問孝，子曰：「今之孝者，是謂能養。至於犬馬，皆能有養；不
> 敬，何以別乎？」

『孝』並不是對父母的物質性之養護，重要的是『敬』的表達，『敬』在《論
語》中是指肅穆、恭謹，以正視之方式面對的發之於心，顯之於外的心態。
換言之，是把它當作一回事般的尊重與尊敬，並承載起生命奧祕的責任，是
以子夏問『孝』，孔子回答他『色難』〔註80〕。對於這樣一種『孝』的本質，
王祥齡先生將之闡明爲人承載起生命之神聖的自覺性而有的敬意，在《中國
古代崇祖敬天思想》一書中他說到：

> 人的生命與存在，對人而言本是一個無以言喻的神聖本質，但假若
> 在人的生命之中不先具有創生、生生的本質，不先具有自覺的能力，
> 把這個自己的本質轉變爲道德的要求，人如何能繼先人之志，敬事
> 父母親人，又如何能親親而仁民，仁民而愛物。換言之，人本身就
> 具有創生與生生的衝動本質，這種直接鼓勵人生的力量和衝動的本
> 質叫做「孝」，「孝」的觀念的興起是因爲人不自覺的、非本意的和
> 必然的把主體生命當作一種道德的本質，所以人才自覺的在日常生
> 活的文化活動中，把發生和維繫父子人倫關係時所依賴的最高憑藉
> 叫做「孝」，因爲唯有「孝」才能合理解釋人本身就是一個能夠自覺
> 實踐價值與理想的主體。〔註81〕

確實，人之爲一具有道德實踐可能之主體，孔子之本源性探討及將其建構
之核心定位，在有德之君子而非周王中，對後來《孟子》、《中庸》在思想
的探究上可謂影響深遠。不過如果仔細翻閱《論語》中對於『孝』之說明，

〔註79〕關於『人倫』之爲事實，而爲孔子探討的設定性，此一關鍵之指明得感謝丁
原植老師的提點，藉此提醒也安置了孔子思想中「仁」、「孝」、「禮」、「正名」
在整個思想建構中的位置。

〔註80〕參閱《論語·爲政》。

〔註81〕參閱王祥齡著《中國古代崇祖敬天思想》，頁193。

將發生一疑惑，即：『孝』是宗法血緣關係建構的基本表達，若就宗法之推展禮制以呈顯『德』而言，孝是德之本，此在《孝經·開宗明義章》中孔子確有此言〔註82〕，但是《論語·爲政》曾載孟懿子問孝之事，孔子將此事告訴替他駕車之樊遲，並解釋所謂『無違』之意，即：「生，事之以禮；死，葬之以禮，祭之以禮。」〔註83〕就此而言，『孝』之爲倫常行爲納入政治結構中，似乎其重心是在與『禮』之符應，在於不違背禮制，而疑惑的癥結就在：『孝』就其爲『仁』、『禮』之本，又是以不違『禮』之方式說明，似乎『禮』在『仁』、『孝』的倫理行爲表達中仍具有一規範作用，或說『禮』這回事與人倫之事實呈顯中仍然有一環節必需補強，筆者以爲此即『正名』之提出。

　　『正名』基本上確實如同一般所認定的：孔子是對當時紊亂之綱常政治體制，及禮壞樂崩現象提出的對治之道，但它不只是重建政治倫常秩序的主張而已。筆者以爲其核心在人倫教化之導向，孔子之『名』所指是一種名位、名份之名，「是對於一個人之『位』和『份』的命名」〔註84〕，但是他的重心並不在於指出『名』之所由來，反倒是對『名』之呈現視爲一既定之事實，由『名』而有之『禮』的規範因此表達了人回應「天生德於予」的程序，是人重新得以返歸、確立人倫之價值的途徑。對於『名』這樣一種教化導向之作用，實源於這種名位、名份之『名』與『禮』的內在聯繫作用，關於這點馬振鐸先生曾論述到：〔註85〕

　　　　「名位」、「名份」之名的規定──分別作用，也正是「禮別異」(《荀子·樂論》)的作用。禮與名的作用在這一點是完全一致的。……故師服說：「夫名以制義，義以出禮。」(《左傳》桓公二年)即：禮是名對人的權力、待遇、義務以及思想行爲之規定的具體化。

『名』與『禮』確實存在此種聯繫，更且由於『禮』表達人之所以『立』、得以『立』〔註86〕的必要條件，『立』之所指則是人之處於人倫關係事實中，同

〔註82〕參閱《孝經》開宗明義章：「子曰：夫孝，德之本也，教之所由生也，……」並可參考《中國古代崇祖敬天思想》第四章〈崇祖敬天祭祀禮儀的理論〉，頁183～201。

〔註83〕參閱《論語·爲政》：「孟懿子問孝。……」

〔註84〕參閱馬振鐸著《仁·人道》，頁157。

〔註85〕同上，頁159。

〔註86〕參閱《論語·泰伯》：「興於詩，立於禮，成於樂。」及〈堯曰〉：「不知禮，無以立。」

時也意謂人之生存於天地中。就前者而言，是指涉倫理價值之顯示，後者則是前者呈顯之始源，是以『名』之正是欲將處於人倫中之人得以立於生存域的現實作一引領性質之處理。此亦即孔子面臨『禮』之失序時，在人倫事務處理中指出：〔註87〕

> 名不正，則言不順；言不順，則事不成；事不成，則禮樂不興，禮樂不興，則刑罰不中；刑罰不中，則民無所措手足。故君子名之必可言也，言之必可行也。君子於其言，無所苟而已矣！

『名』的作用基本上是一種人倫價值導引的確立，確立人在人倫事務中言語、行為、價值……等的顯示具有人文意義，而這一種確立又無法須臾離去人倫對待之本源——『仁』，所謂：「君子去仁，惡乎成名？君子無終食之間違仁，造次必於是，顛沛必於是。」〔註88〕這說明『名』之為人文導引的確立無法脫離人文價值之顯示為其內涵。因此對於則天之堯，孔子讚歎其蕩蕩，是其子民無法以人倫方式之導引予以確立的〔註89〕，而當達巷黨人讚揚孔子「博學而無所成名」時〔註90〕，孔子則堅持自己仍是有所執之人，而且是執御之人，而不是執射者。所謂『御』基本上仍是執持著某物而趨往另一目的地，在當時確也指涉與帝王相關之事務〔註91〕。因此從文字表達上，孔子確實不認為自己已達無名之狀態，而是仍有所執著，不過似乎也隱含著孔子自認為不是無的放矢。換言之，孔子確如隱者晨門對子路所言之一位「知其不可而為之者」〔註92〕，其所為仍是在做欲有所導引性之確立的工作，也因此突顯孔子在名實問題之說明上，與鄧析等被後世稱為刑名家者有所不同，他不是就名實之源始處，也非就名實之認識問題探究，而是從名實問題在人倫事務中呈現之事實予以一種價值性的處理，並且將此一處理導引到人倫之始源，其作用也說明了在政治宗法建構中基礎設定之轉換。西周時人民是以文王之典範為依據，但在春秋時周王已不復有共主之實，齊桓尊王攘夷之策也僅只是禮制之表達。因此在尋求宗法建構之基礎時，孔子是以人倫中

〔註87〕 參閱《論語・子路》。
〔註88〕 參閱《論語・里仁》：「子曰：富與貴，是人之所欲也；不以其道得之，不處也。貧與賤，是人之所惡也；不以其道得之，不去也。君子去仁，惡乎成名？君子無終食之間違仁，造次必於是，顛沛必於是。」
〔註89〕 參閱《論語・泰伯》。
〔註90〕 參閱《論語・子罕》。
〔註91〕 參閱《漢語大字典》『御』字之解釋，頁 350。
〔註92〕 參閱《論語・憲問》。

之君君、臣臣、父父、子子向齊景公說明爲政之道〔註93〕，在於倫理中之實與倫理在『禮』中所表達之『名』能夠符應與規範。因此『名』相較於實具有價值上之導引與確立的優先性。關於孔子這一種對於名實問題之說明，可以馬振鐸先生之分析做一總結，他說到：〔註94〕

> 「名位」、「名分」之名與其實的關係和事物之名與其實的關係是兩類性質根本不同的名實關係。後者是概念與概念之所指謂的對象關係，在這種關係中，實是第一性的，名是第二性。名要符實，而「名份」、「名位」之名與實的關係與此不同，它們是一個人應當擁有權力，應當享受待遇、應當盡的義務與實際擁有的權力，實際享受的待遇、實際盡的義務的關係。在通常情況下，實要符合名，而不是名符合實。⋯⋯

> 孔子所謂的「正名」實際上不是「正名」，而是「正實」，即糾正人們實際掌握的權力、實際享受的待遇、實際盡的義務對「名位」、「名份」規定的背離，⋯⋯

參、結論：詮解兩種典範對問題處理之基本立場

就問題之發生的事實，與哲學家對問題轉換後之哲學結構的解析中，我們將發現孔子與老子確實採取不同之立場立論，筆者在此僅扣緊『自然／名教』之生存事實在思想史中的問題轉換之可能性說明之。

就『自然／名教』的生存事實而言，人類一直是處於這樣的生存域中，當人類在活動過程中一有設計、安排或說人文性質之操作，即已將『人』投置在一永無止境的『自然／人文』中，『人文』與『名教』就文字之理解而言基本上應該只是一種相屬而非重疊，若就其爲人類之生存事實而言也不是一致的。不過如果置之於古代中國人文脈絡中，『人文』與『名教』確實存在著重疊之特質，此乃因『名教』是因著『禮』與『名』而作用與規範著人，『禮』與『名』則是古代中國人文設置之兩大表徵。因此筆者以爲若從更廣意義之『名教』事實而言，它與『人文』之指涉是一致的。雖說

〔註93〕參閱《論語・顏淵》：「齊景公問政於孔子。孔子對曰：『君君，臣臣，父父，子子。』公曰：『善哉！信如君不君，臣不臣，父不父，子不子，雖有粟，吾得而食諸？』

〔註94〕參閱《仁・人道》，頁 160～165。

「自然／名教」是魏晉阮、嵇作爲哲學問題的探討而提出，且以名爲教化之標的之歷史源頭可溯源至漢武帝時，但是得以「以名爲教」之事實，實際上不能不導源至先秦中對「名／禮」之事實性與問題性的探究，在中國歷史中第一次關注此一問題並提出哲學性質之分析與說明的，確實是孔子與老子。簡言之，筆者在此是將『名教』就其廣義與狹義交叉論述，就其廣義而言，是指涉一人倫世界，孔子與老子是在思想史中第一次對此轉化爲問題進行思辨與論述，並提出各自之見解；若就其狹義而言，『名』之被納入制度中與成爲教化之標準，有其對於『名』之探究的思想淵源，孔子與老子則是此一論辯之起始，但有不同之取向，孔子在重視實質精神內涵時，有趨向貴名之傾向，老子則在捨離『名』回歸自然中，有將「名」轉向思辨概念之傾向。

若就『自然／名教』之爲生存事實而言，孔子主張人一生出已在人倫事實之中，因此對於『天』與『性』之問題甚少說明，更且以「言」的方式區分了作爲事實呈顯源始之「天」與作爲人文設定之「天」。換言之，孔子對於『自然』之問題確實有所意識，但他不認爲在人倫的事實中可以棄絕人倫此一事實。因此『自然』只是一承載的顯示，所能關注的是人文的設置，所能努力的也是在人文中的探源，他所提出之人文根源之建構，是以「仁」、「孝」、「正名」、「禮」等爲核心建構展開的人文思辨。老子則以不同方式面對『自然／名教』之事實，他認爲人雖然一出生確實就在人倫中，但人倫是一事實之呈顯，人倫與「禮／名」之爲人文設置是不同之事，「禮／名」是制，但制有其源，即所謂「大制不割」，此一源始之探究在《老子》書中是提出「道／自然」，但同時這不只是一源始而已，它還是人文設置之呈現的規範。換言之，人文設置與價值判準必須以此爲精神而設置。因此主張「無爲」，但「無爲」之眞意，不在無所作爲，其目的也不在機心考慮下之『無不爲』，而是「以百姓心爲心」〔註 95〕之前提下的「無爲」。因此「無不爲」是一種被承載而呈顯的「無」不爲，不爲是相應於有爲之爲，「無」不爲則在反對有爲時，也反對與有爲相對反之不爲，而將「爲／不爲」之問題歸源至「有／無」的牽引關係中，指出『無』、『常』，進而顯示『自然』。

〔註95〕參閱《老子》四十九章。

第三節　名教的發展及其衰微

民國初王國維先生在〈殷周制度論〉一文中最先提出殷周之際的問題，使研究中國思想者正視殷周轉變在思想史上的影響與重要性，這主要表現在宗法制度之確立與完善，同時也關係到周革殷命的合法性，從血緣承續上它是不合法的，也是不合理的，但是殷周作爲不同之族，其主從關係依周人而言，是建立在王與其人民及附屬之國的關係對待上，其具體表徵是『德』的典範。因此當紂王無法保有此『德』時，周革殷命是一合理且合法之舉，且由周文確立了中國思想文化之原型。此即將人倫中之政治、社會、家庭倫理、個人道德統歸爲一環，關於此一觀點可由《禮紀·大學》中所言窺其端倪。侯外廬先生則特別強調秦漢之際，他認爲中國古代之政治格局主要是承襲秦漢之制〔註96〕，這主要表現在中央之集權統治，在政治結構中不再是宗法血緣之繼承，在秦制分封中軍功爲其判準之一，漢承秦制〔註97〕，大抵因襲秦之走向封建郡縣制。不過劉澤華先生則有不同之意見，他認爲「漢政權只是繼承了秦政權的框架，它更多的是對秦制的充實、改造與完善，在很大程度上是知識分子心血的結晶。〔註98〕既然在政治制度等結構中與殷商有所變革，因此在建構人文性之基礎上也有所改變，這在春秋戰國時已有跡象，主要表現在學在官府之制度的打破，開始有私學興起；其次是養士之風的盛行，庶人有成爲士進而爲仕之契機，另外也造就了學術思想不再是一統的現象，形成百家爭鳴之局勢。可是在進入秦漢中央集權制後，卻有不同之風貌，這一文化表現形式基本上是確立五經之爲官學，並且將孔、老二子之學，帶上不同之路途，將「自然／人文」之問題展現爲實際上人倫作爲之運作，因此探究名教之確立與危機時，是分就三部分說明之，此即：（一）『學』在歷史中之變革，（二）『士』在漢代之功能、角色，（三）『自然』與『名』在學術思想上所具有之意義的轉變。茲分別說明如下：

一、『學』在歷史中之變革。春秋戰國時學術傳播主要表現在士庶人的階層，養士之風盛行，甚至有稷下學宮之出現，基本上這是「先秦士階層發展的最高點，而且更是養賢之風的制度化」〔註99〕，當時各國處於紛爭戰亂中，

〔註96〕 參閱侯外廬著《中國思想通史》（卷二），頁2。
〔註97〕 參閱《老子》四十九章，頁2～4。
〔註98〕 參閱劉澤華著《士人與社會──秦漢魏晉南北朝》，頁33。
〔註99〕 參閱余英時著《士與中國文化》，頁57。

士在此一時期中所表現之風貌是：「合則流，不合則去，即使出仕某個諸侯國也很少有奴顏卑膝的媚態，而是積極的建議、直率的批評、大膽的建議，君主對他們是優禮有加，對他們的批評和指斥往往採取接受和容忍的態度。秦王政就是這方面的典型。」〔註100〕但是在秦王政統一六國之後，整個情勢丕變，他之得以統一六國建立皇朝，是藉重士人的努力，譬如：張儀之連橫，李斯、尉繚、頓弱之獻策；可是建立皇朝自尊爲始皇後，則採行中央集權的專制政策，他深知士人之重要，也深信士人爲其危機。因此在書同文、車同軌之政治現實之需求外，採李斯之議行焚書坑儒之策〔註101〕，《史記‧秦始皇本記》曾載到：

> 三十四年，適治獄吏不直者築長城及南越地。始皇置酒咸陽宮，博士七十人前爲壽，僕射周青臣進頌曰：「他時秦地不過千里，賴陛下神靈明聖，平定海內，放逐蠻夷，日月所照莫不賓服，以諸侯爲郡縣，人人自安樂無戰爭之患，傳之萬世，自上古不及陛下威德。」始皇悅。博士齊人淳于越進曰：「臣聞殷周之王千於歲，封子弟功臣自爲枝輔，今陛下有海內而子弟爲匹夫，卒有田常六卿之臣無輔拂，何以相救哉？事不師古而能長久者非所聞也！今青臣又面諛以重陛下之過，非忠臣。」始皇下其議。丞相李斯曰：「五帝不相復，三代不相襲，各以治，非其相反，時變異也。今陛下創大業，立萬世之功，故非愚儒所知，且越言乃三代之事，何足法也。異時諸侯并爭，厚招游學，今天下已定，法令出一，百姓當家則力農工，士則學習法令辟禁，今諸生不師今而學古，以非當世，惑亂黔首。……臣請史官非秦記皆燒之，非博士官所職，天下敢有藏《詩》、《書》、百家語者，悉詣守、尉雜燒之。有敢偶語《詩》、《書》者棄市，以古非今者族，吏見之不舉者與同罪。令下三十日不燒，黥爲城旦。所不去者，醫藥卜筮種樹之書，若有欲學法令，以吏爲師。」制曰可。
> 〔註102〕

這是中國歷史上第一次由於政治目的對士人之迫害，也是第一次明確地汙蔑文化思想，且不論士人在此所具有之弔詭色彩，李斯此一建議與實行，確實

〔註100〕同註97，頁7。
〔註101〕參閱《老子》四十九章，頁5～19。
〔註102〕參閱《史記三家注》，頁125，及《白話史記》（一），頁103～105。

使得往後歷史中之統治者較願意採行一統之思想，這主要表現在當時將博士置爲定員，不再是六國時期之稷下先生〔註103〕，它是一種官吏身份，而不是自由知識分子的身份，其意義是將是知識分子重新納入官僚體系，他和皇帝之關係是君臣關係〔註104〕，而不再是師友關係〔註105〕。另一方面則是對所教之內容的限定，重新將學納入官府，不准私人講學，而且關於史之記載，則標準化爲非以秦之觀點所寫之史皆燒之，基本上這是對於思想多元化的箝制與殘害，更且也是一種愚民策略，認爲人民只要懂得醫學、占卜、農事即可，因爲這無關思辨，《易經》即是在此種情形中被保存下來，但也因此朝著象數方面發展。

西漢時期就學術的觀點而言，基本上是黃老之學與雜揉道法陰陽之儒學的爭辯時期，各有勝場。此一時期主要有兩件重大之事確立，一爲「惠帝時之廢除挾書律，高后廢除妖言令，文帝廢除誹謗妖言罪。」〔註106〕這些事項使得秦時所藏之舊典籍紛紛出爐，知識分子可以不受限制並自由整理古籍，並且對於言論亦有所開禁，此時政治掌控上是以黃老無爲之學爲主導，所謂「無爲」是要求君主無爲，臣下有爲，以達到無不爲之政治目的。另一則重要事項是董仲舒向武帝獻天人三策，以及獨尊儒術、罷黜百家，置五經博士，並以此爲教化、進仕之途，重新確立知識分子爲官僚機構設置之一，「改變了政治與思想文化各自相對獨立的平行發展之勢」〔註107〕，儒學自此成爲官方學問，相對的各家學術之發展自是不可能蓬勃發展，此乃關涉一生存出路之基本事實。關於董仲舒之議，確實影響兩漢文化策略，因此在此必須說明其實質內涵：從《漢書》董仲舒列傳中，可以整理出幾項有關文化思想之進言，（一）主張教化爲治國保民之要務，建議「立太學以教於國，設庠序以化於邑」，並請求「勸孝弟崇有德」。（二）肯定儒家在政治教化中之強調德治的功效，所謂「明尊卑，異貴賤，而勸有德」，欲有德則非禮樂不足以文之。（三）欲求賢則需養士，「養士之大者，莫大虖太學，太學者賢士之所關也，教化之本原也。」其目的在於宣揚君主之德澤。（四）強調思想之一統，並建議定孔學爲尊，所謂「春秋大一統者，天地之常經，古今之

〔註103〕參閱余英時著《士與中國文化》，頁63～68。
〔註104〕同上，頁67。
〔註105〕同上，頁66。
〔註106〕參閱《史記三家注》，頁35。
〔註107〕同上，頁44。

通誼也。今師異道、人異論，百家殊方，指意不同，是以上亡以持一統，法制數變，下不知所守。臣以爲諸不在六藝之科，孔子之術者，皆絕其道，勿使並進，邪辟之說滅息，然後統紀可一，而法度可明，民知所從矣。」武帝對於董仲舒之對策相當欣賞，因此就封他爲江都相，事易王。至此武帝時期對待學術之態度已然明顯，確實武帝時設置太學，有博士弟子員，其所學以五經爲標準內容，即：《易》、《詩》、《書》、《禮》、《春秋》，並置五經博士，至此五經成爲官方之學，這在現實中具有兩種作用，一是表達所謂學術被標準化，違反此一標準即是違法〔註108〕，另一則是提供仕進之途，只要學習五經之內容就有此一可能。另一對後世影響甚大之制度是：確立固定之選人制度，此即察舉賢良、孝廉者，這也表達非儒士者不在仕進之列，爲確立這兩種制度，武帝也打擊私人養士之風，最顯著者即是淮南王劉安，這一切皆表明學術思想之自由被限制了，士或者是成爲官方學者，或者是被專制文化所迫害。

東漢時，首先是承襲西漢太學之制，以及尊儒用儒之政策，光武帝爲士人出身此一時期在學術上有兩項重大改變，一爲將五經擴充爲七經，將《論語》、《孝經》提昇至經的地位，這說明東漢在察舉賢良時，是以孝廉爲重要表徵，另一方面則是把儒家之道德觀教條化，並以此教化人。二是宣布圖讖於天下，正式承認讖緯之學的政治地位，官方正式承認神化之孔子，並接受以讖緯解經之方式，此對東漢後世影響甚大，章帝建初四年下詔召開白虎觀會議，目的在一統解經之方式，會議集成一部被稱爲專制正法的經學大觀——《白虎通德論》，此書援引大量讖緯之學，標誌著讖緯經學的法典化〔註109〕。其次是師門傳承的確立，東漢時期各經學派繁盛，不僅博士之學發生分化，民間亦有今古文經學之爭，加上造紙術之廣泛應用，書籍數量劇增，這些都造就了私學在數量和規模上之大增，太學僅有一所，私學則遍佈各地，因而承擔起當時經學傳授之大部分任務，私學僅一名經師，學生動輒上千，這其中有「及門」和「著錄」弟子之分，「著錄」弟子目的在取得一種師生關係的名義，此乃因師生關係在當時具有重要之社會作用〔註110〕。最後是東漢末外戚、宦官、朝臣、和太學生等各派勢力之纏鬥傾軋，引致黃巾起義，封建割

〔註108〕同上，頁52。
〔註109〕參閱劉澤華主篇《中國古代政治思想史》，頁345～346。
〔註110〕參閱《中國文明史——秦漢時代》（中），頁643～646。另方面，這裏所述僅及「師法」，而當時還有「家法」。關於這點疏忽，得感謝口試時張永儁教授之提醒。

據勢力興起，王朝陷於分裂局面，經學一統思想學術的崇高地位已然動搖，使得先秦各家學說又有復起之勢〔註111〕，這標誌另一政治混亂，勢力多元及思想重新獲得多元發展之契機。漢魏之際，學術之傳承多半是由於私學、家學、門閥士族多爲儒學世家、以及帝王雅好學術而有宮廷之學〔註112〕。

　　二、『士』在漢代之功能角色。在六國時期，稷下學宮之出現，養士之風盛行，士是處於游學方式生存，是一自由且可獨立自主之知識分子，於思辨之學風上亦是自由抉擇，士具有議政之功能。雖則當時各國紛戰，或爲謀國、或爲求仕、或選擇爲一隱士，但是並無任何政治制度措施之迫害事件，更且時君需禮賢下士；秦統一六國之後，士成爲帝王之喉舌、謀士，並無獨立思考之自由，言論亦受箝制，是以有趙高指鹿爲馬之恐怖事件，在此一階段，士之獨立自主性受到嚴厲考驗，甚至連生存亦有危機，士不但不再具有議論時政之機會，就連學習之內容亦受限制，僅有少數人被納入官僚系統成爲吏師。

　　西漢時，士雖然也被納入政治體制中，所學之內容雖也有標準化之政策，但仍有私人講學之風，只是當時官學興盛，私學相較之下規模較小〔註113〕，經師則具有一社會地位，士之爲博士者與帝王成了君臣關係，士之主要功能是爲政治服務，求知有泰半是爲功名仕進，不過士在西漢時期有兩階段之不同角色，一爲武帝獨尊儒術之前，「士人在社會上有相對獨立的人格和自由思考的環境，他們中的帶頭人大都致力於文化傳承，文化創造，文化價值的闡釋，播揚道術，並以特有的使命感關切社會和改造社會。用孟子的話講，士的最重要特徵是『尚志』。……由於他們『尚志』，出仕多半是有條件的，常常是擇主而事。」〔註114〕另一則是武帝將儒學定於一尊之後，基本上雖然政治環境較秦爲寬鬆，但仍是專制君主的下級臣民，「各派知識分子雖然都力圖干預政治，以自己學派的觀點影響國家的大政方針，但他們往往是想以此求得統治者的青睞，藉統治階級的權力來壓服其它學派，定自己的一尊地位。……即使有些學術性爭論，也受統治階級的思想制約。」〔註115〕

　　東漢時，依余英時先生之主張，西漢末葉士人由無根之游士轉而爲具有深厚社會基礎之士大夫，這種社會基礎具體言之即是『宗族』，「換言之，士

〔註111〕參閱《史記三家注》，頁361。
〔註112〕參閱劉澤華主篇《中國古代政治思想史》，頁473～490。
〔註113〕同註109。
〔註114〕參閱劉澤華著《士人與社會》，頁44～45。
〔註115〕同上，頁36。

人的背後已附隨了整個宗族。士與宗族的結合，便產生了中國歷史上著名的『士族』。〔註 116〕至於士族之發生原因，則可推測為：「一方面強宗大姓之士族化，另一方面是士人在政治上得勢後，再轉而擴張家族的財勢。這兩方面在多數情形下當是互為因果的社會循環。」〔註 117〕王莽篡漢與新室之滅亡甚至光武復興漢室建立東漢王朝，這些都是士族之政治影響力下的結果〔註118〕。東漢後期自和帝以後政權幾乎為外戚與宦官輪流把持，此時之士大夫階層，依余英時先生之意，已有群體自覺之意識〔註 119〕，表現於議論時政上則有所謂『清議』〔註 120〕，卻也因此議論之風招致桓、靈時兩次黨錮之禍，可說士人在此時已漸有獨立之思辨力，但也因此惹來禍患，此可謂士人在時代中的悲劇性，也是政治對思想箝制的迫害。

　　三、『自然』與『名』在學術思想上所具有之意義的轉變。『自然／名教』在兩漢時代基本上是一事實存在的展現。換言之，它是在制度中被施展的，並不是被當作一生存難題而轉化為哲學問題之探討，這基本上有其事實需求上之對應，畢竟西漢是在秦朝破壞思想文化後，重新尋求一種文化之確立，它所面臨的是一百廢待舉的現象，所從事的是一禮制文化之制定，以及政權合法化之說明，只可惜漢初並沒有如同西周標榜一理念作為文化之導引，而是在百家雜揉中選擇陰陽五行家之神祕作為政權合法之基礎。因此，說明『自然』與『名』在學術思想中意義之轉變時，筆者只是選擇性地說明與『自然／名教』相關之思想，所依循的線索是『名教』世界之確立與轉變之過程性思想，以及在此一轉變中所出現之『自然』之探討。就此而言，我是從學術政權的轉移、董仲舒對於名教與天之主張、王充之自然論、名理之探究四方面說明，茲分別敘述如下：

　　1. 學術政權的轉移：西漢初年，劉邦時雖有叔孫通制定朝儀，規範天子與朝臣之間的儀節，但文、景時期，整個的政治風尚是以黃老學為主，依司馬談在〈論六家要旨〉中所言之道家，一般學者皆以其為黃老道家，其論為「道家使人精神專一，動合無形，贍足萬物。其為術也，因陰陽之大順，採儒墨之善，撮名法之要，與時遷移，應物變化。立俗施事，無所不宜，指約

─────────────────

〔註 116〕參閱余英時著《中國知識階層史論》，頁 113。
〔註 117〕同上，頁 115。
〔註 118〕同上，頁 129～162。
〔註 119〕同上，頁 206～207。
〔註 120〕參閱唐翼明著《魏晉清談》，頁 45～50。

而易操，事少而功多。……道家無爲，又曰無不爲。其實易行，其辭難知。其術以虛無爲本，以因循爲用；無成勢，無常形；故能窮萬物之情。」〔註121〕若參究今之《黃帝四經》將發現其旨趣相合。換言之，此時期之黃老思想雖強調虛無、無爲，但這只是一種『術』之運用，其目的在於因循之功，在於無不爲，而且『術』之運用是因時而遷，說其爲『術』之用，在於黃老思想中並不捨棄名、法，主張『道生法』（〈經法・道法〉），『道』因此也不是《老子》之道，不是排斥人倫價值之道，而是人倫價值之一切總根源。此『道』是依名或說依著人倫而言之根源，當此爲政權所依時，其實『道』、『天』已落入一種世俗之層面，純粹是人倫實用中的政治設計機制，並無學術思辨中的所指向的形上意義之承載作用，關於這一點，陳麗桂女士曾在《戰國時期的黃老思想》有詳細論述，她說到：〔註122〕

> 「道德」固然是黃老學說的主要內容，「刑名法術」和「道德」、「黃老」之間的關係也相當密切。如今，我們檢索〈九主〉和〈經法〉等四篇帛書的思想理論，也發現它們之間有一個重大的共同特徵：都是由天道上去講治道，站在「道」的基礎上來講刑名、法的。……但是作者的意思顯然不是在講天道、自然之道，而是講法君，講治道、政道……刑名建立的根源是天道，另一方面也說明了，論天道的最終目的是要定「名分」，要在政治上建構起一套職責分明的政治原則。……同時治道既根源於天道，違逆治道便是干犯天道，一切的統御術也就顯得愜理厭心，理所當然了，這才是黃老學家由天道去論政道的眞正目的。

武帝時獨尊儒術，表面上整個學術政權已然儒學化，但實際上並非如此。這一方面是就董仲舒所倡議之儒學而言，董仲舒之儒學其實是已經受道、法、陰陽學之影響，只是仍然打著孔學中之仁、義、禮等旗幟，若細究其對策中所言，將發現他是以陰陽爲天道之內涵，四時各有其德，人主當承天意以從事。另一方面則是由於郊祀之制，依王葆玹先生所論，其實仍是奉祀太一神，及至元帝時始有儒臣翼奉提出改革建議，成帝即位後始實施〔註123〕。且不

〔註121〕參閱《史記三家注》，頁 1349～1350。
〔註122〕參閱陳麗桂著《戰國時期的黃老思想》，頁 51～53。
〔註123〕參閱《道家文化研究》第二輯，王葆玹著《西漢國家宗教與黃老學派的宗教思想》，頁 193～208。

論以儒學治國之確切年代，或許這原本就是一段漫長時期之變革，不過在武帝時確實對綱常倫理有所規範，並以之爲教化之主要內容，且置爲官學，綱常倫理規範正式納入政治體制之法制中，但是這不同於西周之宗法禮制，此乃緣於整個政治分封標準有所不同，『禮』、『名』自有所異，而且這是首次將孔學中人倫世界作爲思辨之承載源始，轉化爲具體政治倫常之事實規範。換言之，是將道德價值轉化爲德、刑之制，將教化之精神內涵轉化爲教育體制之箝制。東漢時更以制度獎勵所謂名節、孝廉，以爲興士風，但是也因其表象化，是以桓帝時有趙宣行服二十餘年之記錄，鄉邑皆稱孝，州郡數禮請之，陳蕃往見之，才發現宣有五子皆服中所生〔註 124〕。於此可知：由儒學之制式化、及道德名節之條例化已然使得整個綱常規範陷入荒謬之境，完全忽略孔、孟所強調之仁義精神，『仁』、『孝』不再是倫常建構之核心，而是世俗化爲形式，且是求得功名之捷徑。

　　2. 董仲舒對於名教與天之主張：「名教」一辭最早出現應是在《管子·山至數》篇中，但並不是作爲一哲學論題而探究，最早作爲哲學問題而提出者應是晉時之嵇康在《釋私論》中提出之「越名教而任自然」，此一稱呼之由來或許也與漢代時人常以「教」說明教化之世界、或人倫世界、或指被教化統御之世界有關連。就筆者所知，董仲舒曾以「王教」說明一政治、教化之世界（《春秋繁露·實性篇》），王充則以「聖教」說明一人倫價值世界（《論衡·率性篇》），王符在《潛夫論》中則有「天教」之說〔註 125〕。若就其實質內涵之呈現當是董仲舒時對於「天」、「名」、「三綱五紀」之說明被確立下來成爲傳統而因襲。董仲舒雖建議武帝獨尊儒術罷黜百家，但究其實其所謂「儒」，其內涵精神與孔孟之儒已有所變革，其「儒」實雜有黃老道家之無爲思想〔註 126〕，也雜有陰陽五行家之思想〔註 127〕，因此當他說明作爲王所統御之人倫世界根源的『天』時，其實質內涵是：爲萬物之本原，展現爲陰陽、四時、五行之表現，但是它不是一純粹自然之天，而是有其意志之天，

〔註124〕參閱丘爲君著《自然與名教——漢晉思想的轉折》，頁39～40，及《後漢書》卷六六·《陳蕃傳》。

〔註125〕「天教」是指天之教，天之訓示，此「天」是指涉自然之天。參閱王符著《潛夫論·述赦》。

〔註126〕參閱《道家文化研究》第二輯中余明光著《董仲舒與黃老之學》，頁 209～222。

〔註127〕參閱徐復觀著《兩漢思想史》卷二，徐先生更且主張董仲舒之說影響了後來緯書之發展，頁 373～387。

同時也如同『人』一般，具有喜怒哀樂之氣〔註128〕。這樣一種天是神祕的，而人中之統治者『王』需觀天意、天道以行事，〔註129〕，但是人如何得知此一訊息，依天意行事？董仲舒認為這主要是基於天與人是同數相類者，所謂「人有三百十六節，偶天之數也。形體骨肉，偶地之厚也。……天以終歲之數成人之身，故小節三百六十六，副日數也。大節十二分，副月數也。內有五臟，副五行數也。乍視乍瞑。乍剛乍柔，副冬夏也。」〔註130〕由於天與人是屬於同數之類者，因此天人可以以氣相感應，而且這種感應是雙向的，在〈同類相動〉中他說到：「天有陰陽，人亦有陰陽。天地之陰氣起，而人之陰氣應之而起；人之陰氣起，而天之陰氣亦宜應之而起，其道一也。」這表現於政治、社會現象中即是：一方面天以其端正王之政，以其災異譴王之政〔註131〕；另一方面則是由王之為政是否為正，而表現為祥瑞或災異，所謂「刑罰不中，則生邪氣，邪氣積於下，怨惡畜於上，上下不和，則陰陽繆戾而妖孽生矣，此災異所緣生也。」〔註132〕就此而言，董仲舒之天人是相對等的。但是若就天生萬物，人為萬物之貴者，在天人之際中，其感應又是雙向可通者，這二者之間似乎存在一不可解之難題，徐復觀先生認為董氏的重點是由人推向天，立足點在人而不在天，提出天之意志性，目的旨在加強人君之責任，加強人之責任，因此這樣一種「天」，並不是真正超越而純一之天。〔註133〕但是馮友蘭先生則認為董氏是以天之意志目的說容納了機械論傾向的說法〔註134〕。且不論其難如何消解，可以肯定的是董仲舒之「天」之意義確實存在著歧異性，這一點羅光先生即曾指出此一衝突與令人困惑之特質〔註135〕。

　　關於「名」的問題，董仲舒在〈深察名號〉中有所詳細論述，他認為所

〔註128〕參閱董仲舒著《春秋繁露‧陽尊陰卑》，茲引述如下：「夫喜怒哀樂之發，與清暖寒暑，其實一貫也。喜氣為暖而當春，怒氣為清而當秋，樂氣為太陽而當夏，哀氣為太陰而當冬。四氣者，天與人所同有也。」
〔註129〕參閱董仲舒著《春秋繁露‧天地陰陽》，茲引述如下：「天意難見也，其道難理，是故明陰陽入出，實虛之處，所以觀天之志。辨五行之末，順逆、小大、廣狹，所以觀天道也。」
〔註130〕參閱董仲舒著《春秋繁露‧人副天數》。
〔註131〕同上，〈二端〉。
〔註132〕參閱《漢書》賢良第一策，頁413。
〔註133〕參閱徐復觀著《兩漢思想史》卷二，頁387～399。
〔註134〕參閱馮友蘭著《中國哲學思想史新編》第三冊，頁74～75。
〔註135〕參閱羅光著《中國哲學思想史──兩漢南北朝篇》，頁187～194。

有人倫價值、事物有所謂「名」、「號」，但是「名」與「號」不同，「號」是「諭而效天地」之說明，「名」是「鳴而施命」之說明。換言之，「號」是一種如同箭鏃頭孔聲，由於箭之發出是因有一標的而發，「號」則因天地而發於聲者，所要指向者也是天地；「名」則是事物自身有所發聲，且此一聲音是傳達一種指令。「名」與「號」之關係是：「名」比「號」來的眾多，「名」傾向於事務之個別名目，「號」則指向綱領〔註 136〕。關於這一點，溫公頤先生在《中國中古邏輯史》中曾指出此乃董仲舒承襲先秦墨辯與荀子之共名、大別名之主張，不知不覺地涉及到普通邏輯的種屬區別，「號」是種，「名」是屬。〔註 137〕「名」與「號」有一共同作用，即二者雖為異聲，但都是達天意者，都是治天下、審辨大之端，即「名」、「號」是治理天下時能審查事物之所別異，並能提綱挈領、網羅細目之關鍵；再者由於「物莫不有凡號，號莫不有散名」。因此董仲舒並沒有進一步探討「名」、「號」在表達天意上是否有不同之作用，倒是轉向了對於「名」之強調與說明，他主張「名」是聖人所發之天意，因此人必須對此有所觀察覺醒，而且他又一方面主張「事各順於名，名各順於天。天人之際，合而為一。同而通理，動而相益，順而相受，謂之德道。」另一方面主張「名生於眞，非其眞，弗以為名。名者，聖人之所以眞物也。名之為言眞也。」就此可知董仲舒認為「名」是天人所以得以合一之媒介與關鍵處，因為「名」是表達天意，其所表達是有其眞實者，此一眞實者是源於天，而非就現實生活中物之實而言，反倒是現實生活中物之眞是由聖人知天意以發「名」而被確定的，此即馮友蘭先生所言之「實必須符合名，要用名校正實」〔註 138〕。因此所謂王教其實就是由「名」所構作之世界，至於「名」之實質內容則是三綱五紀、八端之理，而這亦即是王之所以教民者，所謂「聖人以為無王之世，不教之民，莫能當善。」

總結董仲舒對於「天」與「名」之主張，可以說對於所謂「自然／名教」之問題，董仲舒所認為之「天」雖然是一歧異詞，但究其實都是一涵藏人文觀念之天，並沒有先秦時作為始源之承載特質，亦即不論「天」為一生物之宗教性之天，抑或是與人相感應之自然之天，都在「名」發天意中被消融為人文要求、人文設計下之天，並沒有實質內涵擔負起作為人文世界構成之始

〔註136〕參閱董仲舒著《春秋繁露‧深察名號》。
〔註137〕參閱溫公頤著《中國中古邏輯史》，頁 61。
〔註138〕參閱馮友蘭著《中國哲學史新編》第三冊，頁 93。

源。因此可以說此「天」是一被消解於人倫政治中觀念化之天，是在確立王之政權施政等作為的不合理性之合法化，只要天不顯示災異，王所為即是發天意；再者，由於強調政治作用，是以在孔孟思想作為事實呈顯之人倫關係，在此也一併納入政治範圍中，返回西周人倫關係之規範也被制度化，因而喪失了孔孟所以言仁、義之意義，道德問題被轉化成制度。

3. 王充之自然論：關於『自然』之問題，筆者認為可就兩方面說明，一為指涉自然之「天」，另一則是他在《論衡》一書中明確使用「自然」一辭。關於前者，若從當時代因素考察其論之用心，筆者認為這是應給予之肯定，因為當時確實是瀰漫著一股災異祥瑞感應之迷信，讖緯之書盛行，王充能從當時之天文知識出發破解此一現象，在當時確為異數。當時之天文學知識對於「天」大致有三種主張，一為蓋天說：天就像是一蓋住地的斗笠，北極之下為天地之中央；一為宣夜說：天無所謂形體，純然只是氣之作用，日月星辰是浮在氣所瀰漫之虛空中，眼所見之顏色也非其本然；另一則是渾天說：天地好比是鳥卵，天把地包住，是一似圓之物，因此無所謂端點，只是一渾然之形〔註139〕。無論是哪一種主張，都說明「天」不是一災異祥瑞之徵象，也不是一作用者，它純然是一自然性質之天，以此王充在解消董仲舒天人感應說所引至之讖緯迷信時，不斷申述天無所謂口鼻耳目〔註140〕，也無所謂喜怒哀樂，只有寒溫之別，寒溫也只是氣之變化而已，非人所為〔註141〕。所謂「自然」，是指自然無為，所強調的也只是無心、非故意之偶然，一切只是氣之聚散離合，說明時則不斷引述自然現象中之物之生純然是偶然，既非天所能為，也非人所可為，因此也批判道家之自然，認為道家「不知引事物以驗其言行，故自然之說未見信也。」(〈自然〉)

由此可知王充『自然』之說，其所指乃是一非常素樸之經驗性狀態，是一與人心故意之為相對而言，而且是就人之無法體證、無法知其所以然而言。究其實也只是對於事實之呈現視為當然之狀態而接受，並非如胡適先生所特別標舉之科學精神。關於這一點徐復觀先生及羅光先生都曾加以撻伐〔註142〕，尤其是羅光先生指出王充這種自然論是一無理論深度內涵之論述。

〔註139〕同上，頁 262～265。
〔註140〕參閱王充著《論衡・自然》。
〔註141〕同上，參閱〈災異〉、〈譴告〉。
〔註142〕參閱徐復觀著《兩漢思想史》卷二，頁 574～582；並參閱羅光著《中國哲學思想史──兩漢南北朝》，頁 264～269。

除此之外在其《論衡》中也表達了命定說，骨相說，把人的吉凶禍福、貧貴夭壽說成是自然之命定，既否定天人感應，一切只是偶然，又說這其中是有必然性，既強調事實徵驗，卻又主張宿命之預測，這就如同他一方面認為無所謂鬼魂之存在，另一方面有說有妖祥之氣存在。關於這一理論上之矛盾現象，業師李震先生即曾明確指出：「王充哲學由於缺乏堅實的形上學基礎，時常展現許多自相矛盾和模糊不清的觀點，其思想深度去先秦的自然主義者很多。」〔註143〕至於人倫事務中之價值，《論衡》中並沒有特別突出的探討，甚至徐復觀先生主張王充只有對知識探求之癖好，並沒有對倫理道德問題予以重視，縱使著作中有所提及，也是基於一種自我保護，因此是很薄弱的〔註144〕，再者，王充仍然是一不能脫離政治文化而獨立之文人，所標舉之『自然』也不是作為形上根源而提出，因此並沒有與此相應之『名』的問題之探討。

4. 名理之探究。關於「名」與「理」之關連，董仲舒在《春秋繁露·深察名號》中曾說：「名者，大理之首章也。」依蘇輿之義證，「理者，分也。」以今日之語說之，「理」是指對事、物之剖判分析，並賦予條理化。以目前筆者所知之資料，「名理」一詞出現於漢末王符所著之《潛夫論》，他在〈考績〉中提到：「是故有號者必稱典，名理者必效于實，則官無廢職，位無廢人。」所謂「名理」在此指的是就政治領域所言之名位與人之間的關係，若就事實存在的狀況而言，其所涉包括：如何建官設職、如何考察人物選取官吏、以及普泛而論之名位與實之關係如何？就王符當時之時代而言，名實不符確實是一極為嚴重之問題，後來之建安七子之一的徐幹，即曾就此一問題指出「實」才是首位，「名」是因「實」而有，所謂「名者，所以名實也，實立而名從之，非名立而實從之也。」〔註145〕並且援引孔子之貴名，他認為雖然如此，但是孔子之旨是在貴實，而非當時徒務虛名，以名掩實之舉。

另外一位與名理探究極為相關者是劉劭，他曾主張宜制禮作樂，以移風易俗，並深諳當時刑法知識，在考察人物方面則作了《人物志》，從理論方面品鑑人物之才性，其內容大要分為兩部份，第一部份說明人之為三才之一的形上結構，所論述之角度是就人之才質、德、位等探究其源始之分別，主旨

〔註143〕參閱業師李震著《人與上帝——中西無神主義探討》，卷三，頁104。
〔註144〕參閱徐復觀著《兩漢思想史》卷二，頁585。
〔註145〕參閱徐幹著《中論·考偽》。

在說明人之爲事實呈顯各有其實與始源，人之名位與實之符合，不在於改變人之實，而在於使之各適其位，恰如其實而有名，重點在君主當如同聖人般，以無名之方式統籌，使各適其職。其論旨則略述如下：人是稟元一之氣而生，元一之氣分陰陽、五行，陰陽確定人之情、性，五行則決定人之材質。由五物之徵顯現人之五種材質，此即仁、義、禮、智、信，這五種材質是爲五常，表現爲五德，即金、木、水、火、土。聖人兼具有此五常，此即中和、中庸之質，其餘之人則顯爲九徵；由人之情性材質之不同各有其名，唯聖人無名，其業因此亦有十二種之別，即就爲人臣者而言，不同材質之人，適任不同之職位，人君若能有其德，君道實行了，則這十二種人就能各得其所。再者，存於天地人倫間亦有四種理，作爲建事立義之原理，這四種理爲：就天之氣顯現而言，是爲道之理；就政治範圍而言，是事之理；就人倫教化而言，是義之理；就人情世故而言，則是情之理。人之質性與理之相結合，則有不同之學術流別。第二部份則論述辨識之方法，此有所謂八觀與七謬〔註146〕，以避免當時靠鄉閭察舉所引至之謬誤。

對於名理問題中之才性問題，事實上並不只有此一主張，依《世說新語・文學》注引《魏志》曾提到：「會論才性同異，傳於世。四本者，言才性同，才性異，才性合，才性離也。尚書傅嘏論同，中書令李豐論異，侍郎鍾會論合，屯騎校尉王廣論離。文多不載。」於此可知才性論在當時之爲一大論題，而兩漢之名教施展與思想上之論證，至此漢魏之際轉爲名理、才性之論辯。

這種名理、才性之辯在鍾會、王弼當時確實是一個重要問題，這一方面是當時曹魏政權正處於魏晉之際，也是正始改制之時，而改制之趨向是採取追蹤上古、廢棄五行三統法〔註147〕，因此在名實、名理之問題上需加辨明。另一方面則是名理、才性之辯對於名教世界之辨析上，並不能指出一精神指標，唯有藉助外援始有可能。在這兩方面之交互影響中，使得儒學之研究中不得不求助於老莊之學，王弼在這潮流中，也強調辯名析理，所謂「夫不能

〔註146〕參閱劉劭著《人物志》〈八觀〉、〈七繆〉。所謂「八觀」是指：「一曰，觀其奪救，以明間雜；二曰，觀其感變，以審常度；三曰，觀其志質，以知其名；四曰，觀其所由，以辨依似；五曰，觀其愛敬，以知通塞；六曰，觀其情機，以辨恕惑；七曰，觀其所短，以知所長；八曰，觀其聰明，以知所達。」所謂「七繆」是指：「一曰察譽，有偏頗之繆；二曰接物，有愛惡之惑；三曰度心，有小大之誤；四曰品質，有早晚之疑；五曰變類，有同體之嫌；六曰論材，有申壓之詭，七曰觀奇，有二尤之失。」

〔註147〕參閱王葆玹著《正始玄學》，頁75～87。

辯名，則不可與言理；不能定名，則不可與論實也。」〔註148〕正是在這種時代性問題的探究中，王弼提出了他的哲學主張，並對當時生存中之衝突性指出了一條正名實之路。

〔註148〕參閱〈老子指略〉。

第三章　在『自然』結構中王弼對「有──無」問題的解析

　　自西漢時武帝獨尊儒術、為置五經博士，公孫弘請立學校於京師，至董仲舒提出「天人三策」賦予崇儒之具體內涵後，名教世界已然確立〔註1〕。名教之確立一方面是提供給士人有一經世治綸之晉身機會；另一方面也貞定禮儀、名節為社會教化之準則。這在原始立意上確實展現令人激賞之崇儒、崇德，然而漢「儒」畢竟不是春秋戰國時之「儒」者〔註2〕，更且當德行、名節與功名利祿結合而被制度化後，則競名現象必然產生，名教形同偽善。針對此種現象，東漢末之王符在《潛夫論》曾批判：〔註3〕

> 烈士者，以孝悌為本，以交游為末。孝悌者以致養為本，以華觀為末。……今多務交游，以結黨助，偷世竊名，以取濟渡，夸末之徒，從而上之。……養生順志所以為孝也，今多違志，儉養約生以待終，終末之後，乃崇飭喪紀以言孝，盛饗賓旅以求名，誣善之徒，從而稱之。

這種名實不符之現象，使得有識之士必得重新思考『名教』之基礎。其次，東漢末經學化後之儒學、儒士歷經桓、靈兩次黨錮之禍，私學再度興起，不

〔註1〕請參閱丘為君著《自然與名教》，頁9～21。
〔註2〕春秋時之儒者基本上是以六經、六藝為其所學之內容，但是漢時之儒者至董仲舒時以是雜揉陰陽讖緯之說。
〔註3〕請參閱王符著《潛夫論》卷一，務本第二，頁8～10。

再嚴守經學之章句、家法,而是走向博採眾說、援道入儒之路〔註4〕,此可由鄭玄之注《周易》及劉劭之《人物志》得到佐證。《人物志·九徵第一》:

> 凡人之質量,中和最貴矣。中和之質,必平淡無味,故能調成五材,變化應節。

《人物志·體別第二》也提到:

> 凡中庸之德,其質無名。故鹹而不鹼,淡而不𩜋,質而不縵,文而不績,能威能懷,能辯能訥,變化無方,以達為節。

關於這點,湯用彤在《魏晉玄學論稿》中曾說〔註5〕:

> 中庸本出於孔家之說,而劉劭乃以老氏學解釋之。

援道入儒,一方面說明為儒學經學化之疲弊尋求生機,另一方面也是反制禮教之僵化而籲求於『自然』之需要。此種時代思潮吾人可由王肅(196~256 A.D.)所作《孔子家語·觀周第十一》中詳述孔子問禮於老聃之情形,知道時人處於此種境域所尋求之因應之道:

> 孔子謂南宮敬叔曰:「吾聞老聃博古知今,通禮樂之原,明道德之歸,則吾師也,今將往矣。」對曰:「謹受命。」遂言於魯君曰:「臣受先臣之命云,孔子,聖人之後也,……臧孫紇有言:『聖人之後,若不當世,則必有明德而達者焉。』孔子少而好禮,其將在矣。屬臣曰:『汝必師之。』今孔子將適周,觀先王之遺制,考禮樂之所極,斯大業也,君盍以乘資之?臣請與往。」公曰:「諾!」與孔子車一乘,馬二匹,豎子侍御,敬叔與俱至周。問禮於老聃,訪樂於萇弘,歷郊社之所,考明堂之則,察廟朝之度。於是喟曰:「吾乃今知周公之聖,與周之所以王也。」及去周,老子送之,曰:「吾聞富貴者送人以財,仁者送人以言,吾雖不能富貴,而竊仁者之號,請送子以言乎!……」孔子觀周,遂入太祖后稷之廟,廟堂右階之前,有金人焉。三緘其口,而銘其背曰:「古之慎言人也,戒之哉!無多言,多言多敗,無多事,多事多患。……君子之天下之不可上也,知眾人之不可先也,故後之。溫恭慎德,使人慕之;執雌持下,人莫逾之;人皆趨彼,我獨守此;……」孔子既讀斯文也,顧謂弟子曰:「小

〔註4〕 請參閱趙吉惠等主編之《中國儒學史》,頁356~359。
〔註5〕 請參閱《魏晉思想》中《魏晉玄學論稿》頁20。對於此一觀點,余敦康先生在其所著之《何晏王弼玄學新探》頁22,則主張是歷史進程使然。

人識之！此言實而中，情而信。……」孔子見老聃而問焉，曰：「甚矣！道之於今難行也吾比執道，而今委質以求當世之君，而弗受也。道之於今難行也！」老子曰：「夫說者流於辯，聽者亂於辭，知此二者，則道不可以忘也。」

由上述，吾人可以知曉，知禮如孔子者，於道難行之世，尚知求禮之本、道德之宗於老子，而這『本』、『宗』正是「希言自然」、「道法自然」之『自然』〔註6〕。是以漢末魏初之際，名教世界之衰頹，月旦評於人物情性之清議，如何能自絕於籲求『自然』？對於這樣一種「自覺性」，余英時先生是以「群體自覺」、「個體自覺」論之〔註7〕，並針對此一現象，總結其爲魏晉思想之一中心問題，他說到：

> 是以魏晉以下純學術性之儒學雖未嘗中斷，而以經國濟世或利祿爲目的之儒教則確然已衰。士大夫於如何維繫社會大群體之統一與穩定既不甚關切，其所縈懷者遂唯在士大夫階層及士大夫個體之社會存在問題。就此一角度言，魏晉思想之演變，實環繞士大夫之群體自覺與個體自覺而進行。……
>
> 魏晉士風的演變，用傳統的史學名詞說，是環繞著名教與自然的問題而進行的。在思想史上，這是儒家和道家互相激盪的一段過程。老莊重自然對當時的個體解放有推波助瀾之力，周禮重名教，其功效在維持群體的秩序。〔註8〕

據此吾人可知『自然——名教』確實是當時名士所遭遇的生存難題，因此在思想之探究上自是關注於此，只不過在時代思潮之轉折期，正始名士並不如稍後之竹林名士於生活行徑上之放浪形骸。因此也沒有如同嵇康般直截就「自然」、「名教」論述，而是針對《周易》、《論語》、《老子》、《莊子》等典籍加以注解並發揮己意。以此在當時所形就之清談主題反而是「有——無」、「聖人有情、無情說」、事理物象之「本——末」、「用——體」……。王弼之爲正始名士，爲後人推舉爲魏晉玄學思潮奠基者之一，自是對當時代生存境域有

〔註6〕 魏晉雖要求回歸自然，但內涵上已與《老子》之自然有所不同，主要是由於所回應之問題不同，《老子》是面對禮樂崩壞，重新爲「德」尋求基礎，消除人文性之人爲，以避免重蹈覆轍。魏晉之自然是相應名教之虛僞而提出，是要爲名教確立其根源，因此對名教並不採取斷然捨離之態度。

〔註7〕 請參閱余英時著《中國知識階層史論》，頁305。

〔註8〕 同註7，頁330。

所領受，於時代思潮之清談主題有所知曉〔註9〕，進而申發己意，將難題、困境返歸於始發之際——『生存』之本源與『事實』〔註10〕。因此說明王弼關於『自然——名教』之立論，吾人將就「有——無」、「言——象——意」等兩方面申述，但是在此章中只僅從「有——無」論述『自然——名教』，並分別從（一）「有——無」問題之發展：說明「有——無」之為問題出現於魏晉之思想發展。（二）『自然——名教』與「有——無」之說明：解析王弼於時代之生存困境與思想之必需上，以「有——無」之探討方式作為他對生存難題之回應。（三）「有——無」之意涵：分析「有」、「無」在王弼思想中所具有的幾種意義，但主要仍是就「無」之意義說明，因為「有」、「無」雖然有其不同之涵義與作用可是基本上二者之間仍具有內在共存之關聯——『無』（或說是『自然』），以此則及涉及『無』的兩種層域。（四）「有——無」之多向說明：就「本——末」、「靜——動」、「道——德」、「一——眾」說明王弼對事象、政治、運動……等的主張。最後再就『無——有』說明他對「自然——名教」之主張。

第一節 「有——無」問題的哲學發展

「有」與「無」之為概念而出現，早在《周易》、《尚書》、《左傳》、《國語》中已屢見，譬如在《周易》中，吾人常可看到「無咎」、「有攸往」……等詞句，《論語》中也常出現「有道」、「無道」之說明，但是在這些典籍中「有——無」並未被當作思想論述之重要觀念〔註11〕，其被視為哲學思考結構之重要觀念而提出，應該是在《老子》，其中有四個主要陳述：「有無相生」、「有之以為利，無之以為用」、「萬物生於有，有生於無」、「道常無名」。「有」——「無」在此是以兩種最大相反對之極限觀念，作為方法性之一而確立「道／自然」此一事實本源〔註12〕，而其論述之層域則涵蓋：

（1）「名——言」表達之窮盡。畢竟「有——無」是一概念，概念則是

〔註 9〕 請參閱《世說新語》，可知道當時人所關心與所談論之事跡，從而知道當時清談之主題。
〔註10〕 此處所言之『生存』之本源與『事實』並不等同於現實，現實是為時空限定下之個別，而『生存』之本源與『事實』則具有一普遍之特質，前者強調始源，後者強調整全性。
〔註11〕 請參閱張立文著《中國哲學範疇發展史》，頁 462～463。
〔註12〕 『本源』一辭除始源性質外，還涵括自身之整全。

一種「可名」,「可名」之最終極則是「有」之極限──『無』;因爲「有」是一種形象感知之「名」,它具有規定性、限制性,而這些特質之出現則源自原初之不具備,以此《老子》說「有生於無」。

（2）倫理思辨之互動。人倫世界裡,對於事情之思慮,往往呈現兩面向,此二向是源於一體,因此這二向自是同時呈現,並發揮共生、共利、共用之效用。

（3）美學本源之說明。人類思考自是有一極限,其作用是在分辨有一『非思考』,並因此分辨確立『域』之『整體』,或說「THE WHOLE OF THE WORLD」,此種確立之說明是「道常無名」、「兩者同出而異名,同謂之玄,玄之又玄,眾妙之門。」、「道法自然」。

關於這種「有──無」與『道』的關係,張立文先生是以「自身原涵之二重性」與「潛在蘊涵之二重性」說明:「名言思辨而有者」、「名言思辨中之起始者」、「無法以名言思辨完整說明之本源」,三者之錯綜牽連之分析與美學性之統合。他在《中國哲學範疇發展史──天道篇》提到〔註13〕

> 老子的道、無、有都具有兩層次的二重性。就道來說,既有自身原涵的二重性:作爲可言說的暫時的道,與不可言說的永恒的道的差異;又有潛在蘊涵的二重性:作爲萬物來自常有的常無,是「萬物之始」的無,作爲萬物來自常無的常有,是「萬物之母」的有,即無與有的二重性。無與有亦一樣,既有自身原涵的二重性;作爲具體的經驗的暫時的無與有,與抽象的永恒的理性常無與常有;又有潛在蘊涵的二重性;常無中蘊涵無與有和常無常有,常有中蘊涵無與有和常無常有。

至於《莊子》內七篇中,「有──無」則是就「言」之層面而立論,〈齊物論〉云:

> 今且有言於此,不知其與是類乎?其與是不類乎?類與不類,相與爲類,則與彼無以異矣。雖然請嘗言之。有始也者,有未始有始也者,有未始有夫未始有始也者。有有也者,有無也者,有未始有夫未始有無也者。俄而有無矣,而未知有無之果孰有孰無也。今者我已有謂矣,而未知吾所謂之其果有謂乎?其果無謂乎?天下莫大於秋毫之末,而泰山爲小;莫壽於殤子,而彭祖爲夭。天地與我並生,而萬物與我爲

〔註13〕請參閱張立文著《中國哲學範疇發展史》,頁467。

一。既已爲一矣，且得有言乎？既已謂之一矣，且得無言乎？一與言
爲二，二與一爲三，自此以往，巧歷而不能得，而況其凡乎？自無適
有，以至於三；而況自有適有乎？無適焉，因是已。

在上述這段話中，吾人發現《莊子》內七篇中所言之「有待——無待」、「有
己——無己」、「無功」、「無名」等，都可以一種「嘗言」之方式納入「言」
之論究；畢竟這些都是實際作爲之顯示，以『自然』而言無別，所謂「道通
爲一」也，而其差別是在於「人之名言思辨」使然。因此其相對待是確立了
『環』與「言」之分辨，由此分辨莊子在此是進一步發揮《老子》之「希言
自然」，指出「言」之侷限性與片面性，對於這類情況，莊子則以「弔詭」稱
之〔註14〕，然「言」之爲「言」是在『環』中而確立的，其確立之發生乃是
緣自其源始之統合與不區分。就此而言，莊子是以「天地與我並生，萬物與
我爲一」及「物化」描述這美學性本源的『渾沌』。以此吾人可說莊子一方面
承襲了《老子》中「有——無」之爲思辨方法性；另一方面則只針對其思辨
方法性，更徹底的說出它在「言」之序列中的不可窮盡。但是不論《老子》
抑或莊子都不曾把『無』直截視爲美學性本源，譬如《老子》中只說「……
字之曰道，強爲之名曰大。大曰逝，逝曰遠，遠曰反。……道法自然」（二五
章）、「玄之又玄，眾妙之門。」（一章）莊子則更是以各種描述說明，譬如：
『環』、『振於無竟，寓諸無竟』、『渾沌』、『天府』、『葆光』……等，至於「無」
則如上所言，是「言」之層域的論述，必得消解融合於所謂「卮言」中，始
得以貞定它的作用與方法性。關於其爲一種構作之方法，早在《莊子·天下》
中論述學派宗旨時已有所說明：

以本爲精，以物爲粗，以有積爲不足，淡然獨與神明居，古之道術
有在於是者，關老聃聞其風而說之。建之以常無有，主之以太一，
以濡弱謙下爲表，以空虛不毀萬物爲實。……芴漠無形、變化無常。
死與生與？天地並與？神明往與？芒乎何之？忽乎何適？萬物畢
羅？莫足以歸。古之道術有在於是者，莊周聞其風而說之。以謬悠
之說，荒唐之言，無端崖之辭，時恣縱而不儻，不以觭見之也。以
天下爲沉濁，不可以莊語，以卮言爲曼衍，以重言爲眞，以寓言爲
廣，獨與天地精神往來，而不敖倪於萬物。不譴是非，以與世俗
處。……

〔註14〕請參閱《莊子·齊物論》中關於瞿鵲子問於長梧子之一段話。

無論就關尹、老聃、或是莊周,「有」、「無」都只是其哲學思想論題核心建構之一階段,並不涵括生存之全面,也非探討之終極。因此第一次將「有──無」視爲生存難題之轉換性探討,應是魏晉時之何晏、王弼所謂的「貴無」哲學,關於他們對「無」的主張,《晉書卷四三・王衍傳》曾提到:

> 魏正始中,何晏王弼等祖述《老》、《莊》,立論以爲「天地萬物皆以無爲本。無也者,開物成務,無往不存者也。陰陽恃以化生,萬物恃以成形,賢者恃以成德,不肖恃以免身。故無之爲用,無爵而貴矣。」〔註15〕

雖則如上所述,『無』確實是王弼哲學思想探究之關注點,但是何以「有──無」爲王弼哲學探究之核心?吾以爲必得正視『自然──名教』之爲生存難題始得其解。

第二節　『自然──名教』與「有──無」問題的轉換

　　『自然──名教』之爲生存難題,除了社會環境、政治因素外,時代思潮及思想發展之內在籲求亦是不可忽視者,畢竟『人』是生存於『生存域』中,『人』有思想與情感,對於周遭所發生之情況,並不只是感受它而已,還能有所思慮,即起源於經驗而又不受制於經驗也。此表現於人類文明中,其最大成就之一,就在於哲學思想之承傳與創新,其創新並非脫離『生存域』而造一象牙塔供人把玩,而是起於『生存域』,並探究其『事實本源』,這關鍵所在,實則涉及『事實本源』、思想及思想之探究。至於其關聯與牽扯,吾以爲卡西勒(Ernst Cassirer)解說人文科學之對象時所說的這段話很能表達這關鍵性,他說:〔註16〕

> 語言底符號功能開啓了心智生命的一個嶄新的階段。生命離開了一純然爲出於本能的層面,和離開了作爲各種需要之直接影響之層面,而終於踏入「意義」(Bedeutungen)的層面之中了。這些意義……不被限圍於單純的當前和當下,這些意義乃是眾多不同的主體於其

〔註15〕余敦康先生以爲何晏批評莊子,故無祖述老莊。筆者以爲何晏、王弼於思想內涵上當有所承繼於老莊,但是否以莊子立論爲立論則未必;再者,王弼解易之「得象忘言」類同《莊子》外篇之「得魚忘筌」,解「道生一,一生二,二生三;」亦類似《莊子》齊物論。

〔註16〕請參閱卡西勒著《人文科學之邏輯》第一章,頁 22〜23。

種種生命場合上和於學習與使用中所意指（Meint）爲同一與理解爲同一的（ein Sich-selbs-Gleiches, Identisches）。

這一意指上之同一性（Identitaet des Meines）是超越一切瞬間印象之多樣性與分歧性的，透過這一種同一性，某一種固定內容（ein Bestand）和一個「共同世界」（ein gemeinsamer Kosmos）乃漸漸地和一層一層地展現了。……自我於此一過程中不單只得以對一恒固之秩序予以洞悉，而且，它甚至自身亦參與了這一秩序之建造；當我們說每一個自我參與了語言秩序時，我們並不是說每一自我單純地把其自身加插入一已被給予和已被置於當前的語言秩序之中，實際的情況乃是，每一個個體都在爲他自己去獲取（erwirbt）這一秩序之保存（Erhaltung）與更新（Erneuerung）。

當我們能理解意義、生命需要、共同世界和自我之間的多重牽扯，及在此關聯與衝突中意義與自我之作用時，則思想、生存難題、事實本源和思想探究的關聯與作用也立即呈顯。於此，吾人對於『自然──名教』與「有──無」間之轉換，及「有──無」之作爲探究之問題，提供了一人類學角度之說明〔註17〕。至於何以是「有──無」，而不是其它？吾以爲或可藉由王弼對六家之立論獲得說明。他在〈老子指略〉中說到：

《老子》之文，欲辯而詰者，則失其旨也，欲名而責者，則違其義也。

崇本以息末，守母以存子；賤夫巧術，爲在未有；無責於人，必求諸己；此其大要也。而法者尚乎齊同，而刑以檢之。名者尚乎定眞，而言以正之。儒者尚乎全愛，而譽以進之。墨者尚乎儉嗇，而矯以立之。雜者上乎眾美，而總以行之。夫刑以檢物，巧僞必生；名以定物，理恕必失；譽以進物，爭尚必起；矯以立物，乖違必作；雜以行物，穢亂必興。斯皆用其子而棄其母。物失所載，未足守也。

從上述這段文字中，吾人可得出幾點訊息，即：名、墨、儒、法、雜家都各有專精，譬如名家所求在於名實之符應，墨家在於崇尚儉約、去奢除華，儒家強調仁民愛物、進德修身，法家則重視法制之於庶民行徑之齊一性，雜家

〔註17〕 稱之爲「人類學角度」，是就其爲人所可能顯示之究極而言，除此之外，或如余敦康先生則以思想發展說明自然之籲求，王葆玹先生則從政治、社會因素說明之。

則是毫不揀別地包容吸納各家學說。但也因此而有所不及與偏頗，導致流弊，此疲弊乃是名家於物之理予以一種限定，失卻了理之全。墨家則是忽略了人性的基本需求，於人之自然之性有所傷。儒家則因德行之美譽，使人只注意名譽的獲得，漠視德行之真實。法家則造就了威嚇人民之刑罰的典範性，卻也使人民失去「有恥且格」之人性，成就了民之『物性』。雜家則在兼容並蓄中失去了一貫性，因此矛盾、弊端叢生，形同拼湊，更別說把握『本』、『母』了。諸家中王弼以為唯有《老子》能「本──末」、「母──子」兼顧，其宗旨則是「論太始之原以明自然之性，演幽冥之極以定惑罔之迷」，也就是從「言」（或說思辨）的層面返溯至作為天地萬物所以呈顯之源始，此即是作為『事實本源』之「玄之又玄，眾妙之門」。此若就《老子》論述、構作時所用之關鍵術語，即是「有──無」。

　　雖然王弼意識到「有──無」在《老子》哲學中之重要性，但並不意味著他必然墨守舊說，若是如此，則他也只是《老子》之義理解釋者而已。對於《老子》哲學中「有──無」之作用，以及因分辨所招致之問題未有真解，這個問題就是：「道可道，非常道；名可名，非常名。」莊子哲學思想中對此一問題所採取之立場則是：「有──無」之為「言」，是一不可窮盡之序列，因此必然與『環』形成不相勝之『兩行』，面對這樣一種境遇，他是以各種美學性的方式說明，或者更確切地說，是以「安排而去化，乃入於寥天一」之方式解答。然而這種坎陷畢竟存在，其存在是因著思辨使然，因此在〈知北遊〉中記載著東郭子之疑惑：「所謂道惡乎在？」莊子則就〈齊物論〉中「無物不然，無物不可」之層面，表白『物』與『道』之始源通一性，〈知北遊〉云：

> 莊子曰：夫子之問也，固不及質。正獲之問於監市履豨也，每下愈況，汝唯莫必，無乎逃物；至道若是，大言亦然，周徧咸三者，異名同實，其指一也。嘗相與游乎無何有之宮，同合而論，無所終窮乎。嘗相與無為乎，澹而靜乎，漠而清乎，調而閒乎。寥已吾志，無往焉，而不知其所至；去而來，而不知其所止；吾已往來焉，而不知其所終。徬徨乎馮閎，大知入焉，而不知其所窮。……彼為盈虛非盈虛，彼為衰殺非衰殺，彼為本末非本末，彼為積散非積散。

從上述這段話，吾人可知莊子極力想泯除因思辨而導致之困境，但也在說明中呈顯卮言所欲指向之不確定性，是以莊子後學之〈則陽〉中有少知與太公調之對話，在談及『道』與『物』之始源關係時，出現了季真之「莫為」、

接子之「或使」、以及太公調之「或使莫爲，言之本也，與物終始，道不可有，有不可無。道之爲名，所假而行。……道物之極，言默不足以載；非言非默，議有所極。」這樣一種思想探究自身之發展，確實在魏晉時有更深一層的討論。〔註18〕而王弼之著作中也說明著對這一思想難題有所意識，此即是因「言」而有所析別，最終所導致之「道」與「名」之不可跨越之鴻溝，是否是必要與不可解？若是必然，則因「爲」而有之名教所衍生之頹敗，就不再是頹敗，但是以當時之史料所敘述的卻是：士之清議與爲官之名士確實在思想與政治上都有改革之論辯〔註19〕。於此吾人或可知曉王弼之探討「有——無」，是在時代環境與思想發展之內在邏輯的雙重作用下，於哲學上所作之必要回應。

第三節　王弼對「有——無」的解析

　　『無』在王弼哲學語辭的使用中，吾人可整理出三種意含、兩種層次，並且可從這些說明中，發現「有——無」在他的哲學中發揮了不同於老、莊的哲學作用，茲說明如下：

壹、『無』之意含

一、『無』指不具規範、限定等特質之實在

　　一般吾人所感知之物、事，或所思慮之對象物，通常具有可被感知之形象，這些形象溯源其最基礎的表徵，是表明它自身是一個體，個體之自明性是說明自身之同一性、及與它物有所區別；但不論是同一或區別，都表明它具有規範與限定之特質。規範之特質是就積極觀點，說明個體得以呈顯爲「有」，限定之特質，則就消極觀點說明個體之所以呈顯爲「偏有」，且與它物之間不具有互相容受之同一。因此它是一不被代換之獨特存在之實在，關於這點，在《老子注》中提到：

> 物有焉，則不足以免其生。……殊其己而有其心，則一體不能自全，飢骨不能相容。（三十八章注）

> 可道之道，可名之名，指事造形，非其常也。（一章注）

〔註18〕指王弼對「有——無」之說明及竹林七賢體現了太公調之強調『行』的展現。
〔註19〕請參閱王葆玹著《正始玄學》第二章。

既然萬物都是「有」，而且爲一「偏有」，這本來就是事實，但對於這一種情況之確證，王弼雖然仍是承襲《老子》、《莊子》，主張這是因著「言」之思辨使然，所謂「道行之而成，物謂之而然」〔註20〕，但是卻不再強調二者之分裂，而是就「有」得以呈顯之根源（不是存在起源）說明〔註21〕，他指出「物無妄然，必由其理」〔註22〕，而此理在他注解《乾卦‧文言》時說到：「夫識物之動，則其所以然之理皆可知也」，是以物之然所源出之理，即是「可」所源出之「常」。「常」在《老子注‧十六章》中，是以一種實在去看待，它的特質是不受形、名之「偏」、「彰」、「皦」、「昧」、「溫」、「涼」所限定，因爲這些都是「偏有」之「名」，而「偏有」之所以能呈顯，則是有其承載之底基，其間之關係就好比傳統上我們都認爲「天具有覆育萬物、地具有承載萬物」中「天地」與「萬物」之關連，「天地」在此就不再只是一物理性空間而已，而是作爲萬物能夠呈現爲萬物之生存根源。假使無此基源，則萬物無所謂「萬物」，一方面它們並不具有實存的條件，另一方面關於它們生存之起源的問題或探究，也不具有可能性。是以「天地」在此實爲萬物呈顯之根源，它是一實存，且具有原理之作用，此是緣於它不在計數之時間序列中之故，〈老子指略〉云：

> 天不以此，則物不生；治不以此，則功不成。故古今通，終始同；
> 執古可以御今。證今可以知古始；此所謂「常」者也。無皦昧之狀，
> 溫涼之象，……

這樣一種不偏之有，所具有之特質，就是它能有容納之可能，且是極限性之可能，亦即它是窮盡至極至，將一切涵容於其間，也因此它之於「偏有」並無偏私，而是不恩不傷之「不仁」。就其爲涵容而言，它就是「虛」。「虛」不是指西方哲學中與「實有」相對之闕如（privation）──「虛無」，而是實在如橐籥般，《老子注‧十六章》：

> 致虛，物之極篤，……凡有起於虛，動起於靜，故萬物雖並動作，
> 卒復歸於虛靜，是謂物之極篤。
>
> 復命得性命之常。
>
> 唯此復乃能包通萬物，無所不容。
>
> 無所不包通則乃至於蕩然公平也；蕩然公平則乃至於無所不周普

〔註20〕 請參閱《莊子‧齊物論》。
〔註21〕 請參閱《中國哲學範疇集》，頁 187～188。
〔註22〕 請參閱《周易略例‧明象》。

> 也；無所不周普，則乃至於同乎天也。與天合德，體道大通，則乃
> 至於窮極虛無，窮極虛無，得道之常，則乃至於不窮極也。無之爲
> 物，水火不能害，金石不能殘。

在上述這段話中，其實王弼說明了一個非常重要的觀念，即：有限的極限，是返歸於無極限。這樣一種思辨，不但隨時運作於吾人生活中，而且也與孔子主張之「君子不器」，有異曲同工之妙。一般之器物，吾人總以其固有之習性看待其所能發揮之作用，忽略了其最大可能之作用，在於不以固有習性顛倒地制約該器物。是以「有」之窮盡是無「有」，而此「無有」即是「虛」，即是涵容「全有」者，此即是『無』。《老子注・四十章》云：

> 天下之物，皆以有爲生。有之所始，以無爲本。將欲全有，必反於
> 無也。

至此，吾人或可作一小結論：藉由王弼之『無』的意含爲「常」、爲「虛」、爲「全有」。我們發現他是以重新正視『無』，作爲正視問題之回應，將起源之問題，由漢代哲學家之窮盡探討，返歸至一更基礎性之問題：存在爲一事實，存在之起源無法藉思辨而返歸，而『存在』與『存在之起源』得以呈顯之『所以然』是怎樣一回事？同時他也以『無』之提出，較徹底且確定的方式，回應少知與太公調之對話所探究之問題。

二、『無』的否定作用義

「無」，不論在文字學或道家思想之承傳中，其基本作用常是將作爲形形色色之「有」予以否定；這種「無」之使用，在語法結構中是作爲動詞，否定作爲「無」之賓詞的名詞或名詞性詞組〔註 23〕。被否定之賓詞，通常述說一種範域，藉著否定之操作，一方面表達一不被此範域所限者，另一方面說明了「否定」的作用。再者，否定詞本身也具有雙重涵義，一是否定的表達，另一方面它也「確定」否定，亦即「否定」本身即是一種確定性陳述，否則它將是無所確定之『疑問』，也就不成其爲「否定」了。因此關於『無』的否定作用義，我是分就『無』的否定義、作用義及確定義等三方面說明。

1.『無』的否定義

「有」就其爲操作義而言，通常說明一種具有時空性的擁有，這種擁有所具備之特質是：短暫、侷限、與片面，並且要求窮盡被擁有者。因此在時

〔註23〕請參閱王力著《古代漢語》第一冊，頁 266～267。

間序列之追究中，「有」要求「始」；在生成序列中，要求有「母」。於空間陳列之探究中，「有」要求有所「本」，要求有所「宗」。「無」作爲「有」之反，其操作義即在於消除「有」之操作，其所具備之特質即是：去除限制而達到不限制與暢通，由片面之消除而回歸整體可能之呈顯。此種回歸只是將「偏」去除，而展現「全」。因此它並無「本、宗、始、母」之探究之必要。關於『無』的消除作用，《老子注》中有相當多此類文句，譬如：

> 天地任自然，無爲無造，萬物自相治理，故不仁也。仁者必造立施化，有恩有爲，……則物不具存；物不具存，則不足以備載。（五章）

> 谷神，谷中央無者也，無形無影，無違無逆，……（六章）

> 無狀無象，無聲無響，故能無所不通，無所不往。（十四章）

其次關於『無』的回歸整體，並無所謂「宗、始、母、本」之要求，主要在於它自身即是那被要求者，他提到：

> 無形無名者，萬物之宗也。（《老子注·十四章》）

> 夫物之所以生，功之所以成，必生乎無形，由乎無名。無形無名者，萬物之宗也。不溫不涼，不宮不商。……若溫也則不能涼矣，宮也則不能商矣。形必有所分，聲必有所屬故象而形者，非大象也；音而聲者非大音也。然則四象不形，則大象無以暢；五音不聲，則大音無以至。四象形而物無所主焉，則大象暢矣；五音聲而心無所適焉，則大音至矣。（《老子指略》）

　　2.『無』的作用義

　　『無』之作用之呈顯，吾以爲當就兩方面論述，一是「有」所涉之範域，藉此才能確證作爲「全有」之『無』究是何指；另一方面則是展現『無』之所指。

　　從王弼的著作中，吾人發現「有」所涉之範域，總而言之，即是五物五教之世界。「五物」依樓宇烈先生之校釋，是指「金、木、水、火、土」〔註24〕。「金、木、水、火、土」依方立天先生所言，最早是出現於《左傳·文公七年》作爲先人對於所賴以生存之物質材料之分類──六府〔註25〕；其次是《尚書·洪範》中記載箕子回答周武王關於鯀、及夏禹治水的一段話，其中

〔註24〕請參閱樓宇烈所校釋之《老子·周易王弼注校釋》，頁 201。
〔註25〕請參閱方立天著《中國古代哲學問題發展史》，頁 3。

因夏禹治水有功，天賜予他治國大法「洪範九疇」，在九類治國之法中，五行列爲首項；再次是周幽王之太史史伯第一次將五行視爲構成物之始基〔註26〕。至此吾人可知〈老子指略〉所謂「天生五物」中之五物，是就物之生成始基汎指形形色色、千差萬別之個別物——萬物，它們所具有之特性是：自身呈顯一些可爲人藉由感官而把握之性質；此即今之所謂「自然世界」。相應於此一自然世界之「有」，『無』所具有之特性是：不能爲人所聽、所體、所視、所味者。這樣一種實在與「有」之關係在〈老子指略〉說到：

> 無形無名者，萬物之宗也。……故其爲物也則混成，爲象也則無形，爲音也則希聲，爲味也則無呈。故能爲品物之宗主，苞通天地，靡使不經也。

就『無』與「有」這種關係，『無』之爲何種實在，吾以爲可由「宗」確定。從文字學的觀點，甲骨文中已有「宗」，寫作「𤔲」，依正中形音義綜合大字典之解釋：宀示屋宇，示示神主，此供奉神主之屋宇，即祖廟爲宗。其次，吾人再從社會文化觀點考慮，可以發現祖先宗廟在殷、周社會具有如下之意義，即：它是血緣親族之始源，而且爲此整個親族提供一空間，作爲親族精神之表徵〔註27〕。最後我們再考慮「宗」在我國文化承傳中所演變爲「祠堂」之於各姓族之意義〔註28〕。於此吾人可知以「宗」說明「有」與『無』之聯繫時，的確表明『無』之爲橐籥所具有之精神性的承載、苞通，而非物理性空間處所之限定。再者，由於『無』這種苞通之特質，易使人以爲是與「有」相反之實在，進而認爲與「有」無關，是以在《老子注》中更以「自然」一詞說明「宗」所固有之內在綿延性，並更確定「有」與『無』不僅是承載、苞通關係，而且是有一眞正之綿延。關於「自然」，《老子注》云：

> 天地任自然，無爲無造，萬物自相治理，故不仁也。（五章）
>
> 自然，其端兆不可得而見也，其意趣不可得而覩也。……居無爲之事，行不言之教，不以形立物，故功成事遂，而百姓不知其所以然也。（十七章）

〔註26〕 請參閱張立文著《中國哲學邏輯結構論》，頁106。

〔註27〕 請參閱陳夢家著《殷墟卜辭綜述》，頁473，及錢杭著《周代宗法制度史研究》之緒論及首二章，可知「宗」之觀念於殷時已有，是一逐漸豐富完善宗族關係，至周時方衍爲宗法，將宗族與土地、政治結合，成爲一具有血緣、社會、政治、倫理之特質的宗族法規制度。

〔註28〕 請參閱劉蕙孫著《中國文化史稿》，頁76。

自然之道，亦猶樹也。轉多轉遠其根轉少轉得其本。（二十二章）

四大，道天地王也。凡物有稱有名，則非其極也。……然則道是稱
中之大也。不若無稱之大也。無稱不可得而名，故曰域也。……道
不違自然乃得其性。法自然者，在方而法方，在圓而法圓，於自然
無所違也。自然者，無稱之言，窮極之辭。（二十五章）

萬物以自然爲性，故可因而不可爲也，可通而不可執也。（二十九章）
「自然」，吾人發現在王弼的哲學用語中，其首要意義是：它不是「謂」之而
然，而是自身有一自明之然，這樣一種「自明之然」是物所由者，其特質爲：
無法經由人之感官目視之侷限所能獲得者；因此它是『無』之另一方向的說
明。其次，「自明之然」由於不是它者使然，是以其另一特質即是「自然而然」，
並不需要人爲之外加因素，自體所呈現者即是一「然」，所謂「物無妄然」（《周
易略例・明象》）也。關於這一意義之「自然」，余敦康先生曾以兩個命題說
明〔註29〕，即：

一個是「自然已足」，再一個「萬物自相治理」。所謂「自然已足」，
是說事物憑藉其內在具有的相反相成的本性進行自我調節，不需要
任何外來的干預而處於一種自滿自足的和諧狀態之中。所謂「萬物
自相治理」，是說宇宙作爲一個大的整體，其組成的各個部份相互依
存，相互制約，也具有自我調節的機制，因而同樣不需要外來的干
預，其存在狀態也是自滿自足，完美和諧的。

依此，『無』中之萬物所展現者即是「自然而然」，萬物之所以能如此，就在
於其本性如此，據此吾人可說『物』之爲「有」，它與『無』之間有一「自然」
之綿延。

關於「五教」，依樓宇烈先生之校釋，是指五倫之教，即《孟子・滕文公
篇》所言之：「使契爲司徒，教以人倫；父子有親，君臣有義，夫婦有別，長
幼有序，朋友有信。」〔註30〕五倫基本上自孔子以來，即被視爲「名」之正
的準則，並以此誨人不倦，教化天下，至漢武帝獨尊儒術，將這種倫理儀則
所展現之人的關係予以制度化後，實際對待所展現的德行之「學──教」，轉
變成搢紳所當奉行不移之「崇名之教」〔註31〕，更且在兩漢時儼然是封建國

〔註29〕請參閱余敦康著《何晏王弼玄學新探》，頁 241～242。
〔註30〕同註24，頁 202。
〔註31〕請參閱丘爲君著《自然與名教》，頁 1～3，陳寅恪先生及胡適先生之語。

家社會之法律，刑罰、及家庭結構中成員對待的法律依據，倫理道德不再只是一種規範與教化，而是具有強制力的刑罰制度﹝註32﹞。相應於「五教」所意指之「有」的範域，王弼提出當有一「五教之母」，即作為「有」之展現、出生的根源——『無』。『無』與「有」在此並非以互相對立之方式呈現，而是以「母——子」的關係說明；因此欲明瞭『無』之所指，吾以為當藉著「母」之哲學作用而得知。

「母」在《老子注》中主要是就「子」、「始」、「用」三方面提出。就「子」而言，「母」之於子，具有「生、長、育、亭、毒」之功能﹝註33﹞，這種以人類之「母——子」關係所作的比擬，母之於子的確是發生、成形的本源，子也在母之護衛中得其庇蔭，無母則無所謂子之存。但是人類之母子是兩個獨立體，而王弼之「母——子」卻是「本——末」之體﹝註34﹞，即今所謂「本體——現象」之實質情況。是以「生、長、育、亭、毒」之作用，並不如同人類實存中之具象功能，因此所謂「發生、成形之本源、庇蔭者」，都只表明本體是內在於現象中，是現象之得以成立、展現的源始。就「始」而言，始與母在《老子注・一章》提到二者基本上是就形名之層域而言，其起始則同出於「玄」——冥默無有者，其分辨則在形名之有、無。因此可說「始」與「母」是同謂者之兩種作用，是「天下有始——則可以為天下母矣」，二者皆屬於「無有」之層域相較於「有」之層域所發揮的作用。就「用」而言，「母」是指「德」，《周易注・晉卦六二》云：「母者，處內而成德者也。」關於「德」，王弼在《老子注・三十八章》將「德」訓為「得」，意指能得「德」（此指一般所謂之仁義等偏德）之全，而無所疏失並能常持守住。此「得」王弼仍以「德」名之，它是由『道』之德，而非指仁義禮等之倫常道德，更且它是仁義禮等之德行得以展現而不巧詐虛華偽飾之根源，此即「仁義，母之所生，非可以為母。」《老子注・三十八章》欲盡德、得母，則必須在實際作為中持守『無』——「無」為，「無」名，亦即操作地消除人之役使及因役使之思慮而有之限定性，藉此同時顯示「德、母」之境界義。﹝註35﹞

關於「母」，〈老子指略〉說到：「五物之母，不炎不寒，不柔不剛；五教

﹝註32﹞ 請參閱《中國文明史——秦漢時代》（上冊），頁 196～226。

﹝註33﹞ 請參閱王弼《老子注》第一章。

﹝註34﹞ 同上，第五十二章。

﹝註35﹞ 請參閱唐君毅著《生命存在與心靈境界》（上），頁 3。

之母，不皦不昧，不恩不傷。」就此敍述而言，吾人可知其所指即是『無』，只是它是就形名層域而言之『無』，它是一種「非邏輯否定之無，亦非抽象之死體。依以妙狀其具體而眞實之無限之用。」〔註36〕

3.『無』的確定義

關於『無』的確定義，基本上是一極易引人誤解者，因爲「無」本身表達一否定作用、或其內涵爲一虛空，無法給予一實性之限定，如何能有積極、確定之意義？是以吾人所謂之確定義，是針對『無』之虛性展現之樣態，發現有一種持守所發揮之作用與「無」相當，但其字詞含意並不具有否定、虛性之意義，因此稱爲『無』之確定義。在本文之說明中，此確定義一方面是就境界作用義之『無』所展現的積極作用而言；另一方面則是就『無』成其爲「宗」的操作可能性而言。這種作用在王弼著作中，即是「因、順」之持守。

「因」，就字源而言，甲骨文中已有此字，寫著「囚」，依李敬齋先生之意，是指人偃臥於於口上。依《說文解字》則是指：就其基址而擴充之。就此二解，我們發現基本上都意味著：人之創新性的消除，即不加給新的因素、也不改造。就概念發展而言，《老子》書中並無此字，《論語》中已出現，但只是日常語言之使用，眞正將「因」視爲思想上之重要觀念，並發揮哲學作用的是在《管子》之〈心術上〉，它提到：

> 無爲之道因也，因也者，無益無損也。……其應非所設也，其動非
> 所取也，此言因也，因也者，舍己而以物爲法者也。……故道貴因，
> 因者因其能者，言所用也。

「因」，在此基本上是就「爲」而言，強調在「己──物」之對待準則中，不以「己」而有爲，而是以與道不異理之「物」爲其應、其動之依憑。此「因」至《呂氏春秋》之〈貴因〉篇，則更擴而充之，將所因之物，延及不同之領域，如：政治、社會、天文曆數、日用器物。於「因」之內涵，則表達其爲藉由觀察所得，瞭悟於心而有之操作，且此操作仍保有源始意含，即無所損益；同時它並不是單純的機械操作，而是說明一轉換之可能的操作。〈貴因〉云：

> 三代所寶莫如因，因則無敵。禹通三江、五湖，決伊闕，溝迴陸，
> 注之東海，因水之力也。舜一徙成邑，再徙成都，三徙成國，而堯
> 授之禪位，因人之心也，湯武以千乘制夏商，因民之欲也。如秦者
> 立而至，有車也；適越者坐而至，有舟也。秦越遠塗也，竫立安坐

─────────────

〔註36〕請參閱牟宗三著《才性與玄理》，頁133。

　　而至者，因其械也。……夫審天者，察列星而知四時，因也。推歷
　　者，視月行而知晦朔，因也。

雖然在《呂氏春秋‧貴因》中已指出『因』是轉換之可能的操作，但畢竟所
緣者爲「時、勢」，是經驗、現象之個別性之運用，並未提昇、深刻化爲本根
層域之作用，此至王弼時始有此義。從《老子注》中我們可發現「因」同時
兼具轉換之操作義與持守義，且二者是以「隱──顯」互揭轉進的方式表達
「因」之爲『無』之作用。關於兩種作用之說明，吾以爲可從兩方面予以確
定，一是「因」所運作之層域，另一方面則是直截顯示其運作之成效。

　　1.「因」所運作之層域

　　探討運作之所以發生之層域，是因爲『運作』自身是一實際作爲，本身
作爲一種表達，就是一種顯示，它是無法藉由可名之方式窮盡說明〔註37〕，
但是藉由層域之確定，確實可知轉換性之操作如何可能及其必要性。《老子
注》中提到：

　　不因物，於其道必失。（二十七章注）

　　聖人因其分散，故爲之立官長。（二十八章注）

　　大夷之道，因物之性，不執平以割物。（四十一章注）

　　何因而形？物也。何使而成？勢也。唯因也，故能物而不形；唯勢
　　也，故能無物而不成。（五十一章注）

　　萬物以自然爲性，故可因而不可爲也，可通而不可執也。物有常性，
　　而造爲之，故必敗也。物有往來，而執之，故必失矣。（二十九章注）

「因」，基本上是屬可名層域之運作，尤其是對於物之層面的運作，其所以如
是則是相應於「道」。因此從另個方向思考，道與物共同約制了「因」，藉此
約制也展現了「因」之得以運作之層域，及「因」之操作的向性。此向性之
操作，基本上之特性即是「無」爲，是「順而不施」（〈老子指略〉）。

　　2.「因」之成效顯示

　　「因」之爲一持守，它在「隱──顯」互揭之轉進的確立，或者可由過程
之明確而有一步驟程序，或者藉由成效之展現，但是《老子注》中我們並沒發
現王弼對「因」之爲持守過程作說明，倒是在成效上有些說明。《老子注》提到：

〔註37〕請參閱王弼《老子注》五十六章，其中注解「知者不言」爲「因物自然」，因
　　　　此可說「因」之發生作用與名言之爲表達是不同的。

因物而用，功自彼成。（二章注）

天門，謂天下之所由從也。開闔，治亂之際也。或開或闔，經通於天下，故曰「天門開闔」也。雌應而不唱，因而不爲。言天門開闔能爲雌乎？則物自賓而處自安矣。（十章注）

聖人達自然之性，暢萬物之情，故因而不爲，順而不施，除其所以迷，去其所以惑，故心不亂，而物性自得之也。（二十九章注）

「因」的成效，根源上是遵循道家「爲道日損」的精神，剝落經由學習而覆蓋於自然本性上的觀念、概念與習性，剝離之同時也進行著一種揭示，揭示物性自然。於此，物──道處於『通』之狀態，也反證了「因」確實是轉換漸進於道之運作。

「順」作爲一哲學辭彙，始於《老子‧六十五章》：「常知稽式，是謂玄德。玄德深矣，遠矣，與物反矣，然後乃至大順。」其中「大順」一辭，在《老子》本文中雖僅此一見，但其涵義卻相當於『道』（自然）。作爲一道家哲學之操作辭彙，《莊子‧應帝王》中無名人答覆天根關於「爲天下」之問時說到：「汝游心於淡，合氣於漠，順物自然而無容私焉，而天下治矣。」「順」在此是與道、自然相連繫之操作，而其得以如此操作的先決條件則是人處於「心齋、坐忘」之游心狀態。王弼思想中則兼備上述二義，其中關於「順」的操作義，是以「不造不施」（《老子注》二十七章）爲其涵義。但是由於「順」有其向性，是以「順」的構作在《周易注》之渙卦小象傳及中孚卦象傳都曾加以解說〔註38〕，基本上「順」是經由「觀」──「不爭」與「柔」──「靜」而獲致。「觀」──「不爭」所涉及的是「勢」，即今所謂之自然客觀之情勢。就個例之運用，是觀察情境之本原，而不與此本原相違逆。若就本根層域而言，則是觀『無』、觀『物性自然』。「柔」──「靜」則是就主體心境本原而言，說其爲本原則是因柔弱所展現之特性爲無求無欲，因此與它物之關係是建立在不犯、不傷上，且於自身也保有容受的最大可能性，此則與『無』之特質相通，是以保全了主體自然本性之眞與德。〔註39〕至於「靜」，《周易注‧復卦象傳》云：

凡動息則靜，靜非對動者也……故動息地中，乃天地之心見，若其

〔註38〕請參閱王弼《周易注》〈渙卦初六象注〉：「觀難而行，不與險爭，故曰順也。」及〈中孚卦象傳注〉：「柔在內則靜而順」。

〔註39〕同註37，五十五章。

以有爲心，則異類未獲具存矣。

是以「靜」是作爲一切運作的基礎，並非吾人今日所謂與運作互相成立之現象，反倒是動之向性所遵循之「因」的形上建構本原。《老子注・四十八章》中注解「取天下常以無事，及其有事，不足以取天下」時說到：

動常因也。／自己造也。／失統本也。

其次，關於「順」之爲『道』的涵義。在《周易注》中王弼雖然明顯地只用「德」說明「柔順」〔註40〕，但是在〈噬嗑卦〉之六二有「順道」之說，且在坤卦象傳與否卦六二向有「至順」一辭。因此我以爲「順」具有可與『道』等而視之的涵義，而其內涵則是不主純柔，所謂「以柔順而爲不正，則佞邪之道也。」〔註41〕再者純柔是一種死寂之狀態，因此也是一種執持、限定，不是可全其類者，是以他在注解〈坤卦〉初六時說到：

始於履霜，至於堅冰，所謂至柔而動也剛。陰之爲道，本於卑弱而後積著者也，故取履霜以明其始。

於此我們可知至順之道除了以弱爲其起始外，在其積累之動時，仍依循剛柔相推說非矛盾對立之精神〔註42〕，表現出剛健之特性。這樣一種轉化，則是以「時」、「應」說明之，升卦象傳之注中曾詳細地提到：

純柔則不能自升，剛亢則物不從。既以時升，又巽而順，剛中而應，以此而升，故得大亨。

時，基本上是表達一屬自然性之變化、運作，既不純就社會環境而言，也不只是指主觀心境或人文性所刻劃之量（例如：時間刻度之計畫），更且是指變化、運作之本根性顯示之可能。這樣一種實質，其內涵則是剛柔兼具，以柔爲起始，以剛爲耦〔註43〕。應，則是從空間、位階說明柔、剛之呼應與相濟相需。

三、『無』之原理義

　　從王弼的哲學作品中，我們發現『無』不但富含本根層域之內涵，還具有形名層域之轉化提昇臻至本根層域之操作作用，但是本根層域與形名層域畢竟是歸屬於不同的思維領域，人究竟如何能跨越這兩種領域使得轉換操作

〔註40〕同註38，〈坤卦六五注〉、〈坤卦文言注〉、〈文言注〉、〈訟卦六三注〉、〈晉卦初六注〉，《老子注》第五十四章。
〔註41〕同註38，〈乾卦用九注〉。
〔註42〕同註26，頁299稱之爲親比關係。
〔註43〕同註38，〈坤卦象傳注〉。

具有效用？基本上王弼是藉由兩種途徑說明轉換的有效性，其一是「名──謂」之分辨（第四章將對此有所說明）；另一途徑則是經由人自身於境界之臻至與把握的倫理可行性，作爲撐起架構的中心點，於此將思維帶引進以『人』爲支點的時代思潮。王曉毅先生在《中國文化的清流》中曾說到：〔註44〕

> 魏晉玄學的奠基人王弼，是將中和思想由人材學擴展到宇宙本體論哲學高度的第一個人。崇尚中和之道，是王弼玄學的最高原則。在王弼筆下的那個無所不在的宇宙本體「無」，就是一個矛盾的中和體。……王弼是明確將「中和」架構哲學體系並使之貫穿本體論人性論等各個層面的第一人。

確實，筆者個人蠻贊同王曉毅先生此一觀點，因爲若非如此，吾人將無法理解作爲本根義之『無』，如何能爲人所知而又不失其內涵之豐富性？更且其注解《周易》、著《周易略例》將只是一種偶然，而非基於思想結構之內在呼求。是以在第二種途徑上，王弼是從兩方面著手，一是從『無』具有能爲人所體悟而把握之功能，說明人立於形名層域觀復於本根層域所體悟者，關於這意義之『無』，王弼通常是以「道」、「玄」、「遠」、「微」、「樸」、「大象」、「一」、「本」……等詞作爲同義使用。另一方面則是從「時中之用」的美學揭示說明（此於第四章第三節將有討論），但不論如何說明轉換的有效性，都必得匯歸於具有被轉換的可能性，即『無』具有可爲人體悟、把握之原理義。

從《老子注・十六章》中，我們可以發現王弼將《老子》中對於『道』之復歸與把握轉換爲富涵時代性之『無』的說明〔註45〕，他說到：

> 歸根則靜，故曰「靜」也。靜則復命，故曰「復命」也。
>
> 復命則得性命之常，故曰「常」也。
>
> 常之爲物，不偏不彰，無皦昧之狀，溫涼之象，故曰「知常曰明」也。唯此復，乃能包通萬物，無所不容。……
>
> 無所不周普，則乃至於同乎天也。

〔註44〕 請參閱王曉毅著《中國文化的清流》，頁 309～310，「中和」一辭乃是王弼承襲劉劭《人物志》之「中和」義，此義筆者以爲尚可佐證於其《論語釋疑・述而》：故至和之調，五味不形，大成之樂，五聲不分；中和備質，五材無名也。

〔註45〕 可佐證於《中國文化的清流》，頁 208。

> 與天合德，體道大通，則乃至於窮極虛無也。
>
> 窮極虛無，得道之常，則乃至於不窮極也。
>
> 無之爲物，水火不能害，金石不能殘。用之於心，則虎兕無所投其
> 爪角，兵戈無所容其鋒刃，何危殆之有乎！

當王弼指點出『無』時，他將『無』與「道」作了區分。「道」基本上是出於主體在探源尋根時，對於事實本原之整全的把握所賦與之稱謂。但是這樣一種稱謂，並非出自主觀認定，而是本於主客交融中具有普效者，所謂「夫道也者，取乎萬物之所由也。」（〈老子指略〉）同時這普效性與事實本原之整全有一密切之關聯，所謂「道者，無之稱也。」（《論語釋疑‧述而》）「道」與『無』之連繫、分辨之必要，基本上是回應自老、莊以來之道家哲學中所遺留之問題，至於其連繫與分辨，《老子注‧二十五章》云：

> 夫名以定形，字以稱可。言道取於無物而不由也，是混成之中，可
> 言之稱最大也。……
>
> 凡物有稱有名，則非其極也。言道則有所由，有所由，然後謂之爲
> 道，然則道是稱中之大也。不若無稱之大也。無稱不可得而名，故
> 曰域也。道天地王皆在乎無稱之內，……
>
> 道不違自然，乃得其性，……
>
> 自然者，無稱之言，窮極之辭也。

「道」與『無』之區別，基本上並非形名與無名之辨，而是同爲無名之稱與無稱之異，即如王曉毅先生所言：「稱則由說話者的不同觀察角度而定，屬於對事物不同側面的描述。對無形的宇宙本根，雖不能名，但可以從不同的角度去稱呼它。」〔註46〕無稱旨在說明其爲全有之豐沛與流注之自然之『無』。簡言之，稱與無稱之異，在於人遵循於自然而於域中之把握。就此一把握，〈老子指略〉曾明確指出『無』具有多種稱謂：

> 夫道也者，取乎萬物之所由也；玄也者，取乎幽冥之所出也；深也
> 者，取乎探賾而不可究也；大也者，取乎彌綸而不可極也；遠也者，
> 取乎綿邈而不可及也；微也者，取乎幽微而不可睹也。然則道、玄、
> 深、大、微、遠之言，各有其義，未盡其極者也。

除〈老子略指〉所言外，於《老子注》中我們還發現有類似之辭彙，譬如：樸、

〔註46〕可佐證於《中國文化的清流》，頁209。

一、太極、母、本、根……等等〔註47〕，這些用語之出現，基本上都是基於人文之需求，並非純就「全有」自體而言。是以此處仍有一問題，即：王弼既以『無』爲一本根之全有，何以又舉出一些辭作爲其稱謂？換言之，『無』之爲原理，何以是必需的？或者，稱與無稱之分辨，其作用安在？關於此一問題，王曉毅先生認爲一新說之提倡必以格義之方式進行〔註48〕，這雖然以一種方式說明了事實之出現，但未能涉及稱與無稱所以分辨之作用。吾以爲或可從王弼與裴徽關於『無』之對談中窺之端倪，《世說新語・卷二文學篇》曾載：

> 王輔嗣弱冠詣裴徽，徽問曰：「夫無者，誠萬物之所資，聖人莫肯致言，而老子申之無已，何邪？」弼曰：「聖人體無，無又不可以訓，故言必及有。老莊未免於有，恒訓其所不足。」〔註49〕

雖然王弼是就儒、道之精神而品評，但從其中我們可以發現他對『無』之主張，他認爲『無』並不在言中。亦即是一純然之顯示，無法以全有之方式作爲教誨之原理，教化原理之出現，其立基點就在萬有有所不足，訓之使其成全。是以『無』之爲原理，必以人所涉角度提出稱謂，作爲人把握時之首要標的，以爲人遵行時之引領，所謂「予欲無言，蓋欲明本。舉本統末，而示物於極者也。夫立言垂教，將以通性，而弊至於湮；寄旨傳辭，將以正邪，而勢至於繁。」(《論語釋疑・陽貨》) 是也。

貳、『無』的兩種層域

從坊間之論述王弼思想之著作中，就其關於「道」或「無」之說明，吾人大致可歸類爲兩種，一類強調其「道」是境界義的沖虛觀照，並非具有存有形態之體〔註50〕。另一類則強調「無」爲全有，是一切存在之依據，其所言屬於本體論〔註51〕。但是當我們對王弼所言之「道」、『無』再加以審視時，發現王弼所言當兼涵此兩種層域，而且此兩種層域於其思想內容上自有其事實與必要性。其說明一方面可從上述『無』的三種意涵獲得初步之瞭解，另一方面則可藉由他對「聖人」之主張，知曉『無』之爲本根層域及境界層域

〔註47〕可佐證於《中國文化的清流》，頁210。
〔註48〕同註45，頁212。
〔註49〕此段引言與《魏志》鍾會傳注何劭王弼傳文字上略有不同。
〔註50〕此可以牟宗三先生爲代表，請參閱牟先生所著之《才性與玄理》第四章，頁141。
〔註51〕大陸之學者大抵採此解釋，可以王葆玹、王曉毅先生等爲代表。

於其思想上之必需。

　　從整個中國哲學的發展精神而言，吾人均承認哲人所論大抵是以人主體之修證與生命精神之把握爲其主旨。因此，在他們面對生存境域之迷惑，與困境而提出因應之方時，容或於歷史因緣、時代思潮有所不同，但於人格典範則皆有所論述。漢末魏初之際，重視人物才性之品鑒，雖於個體情性之自由有所醒覺，然於人格典範上亦有所共尊而爲社會現實之標的。此種情境實即王曉毅先生所說之「既追求人性自由，又恪守封建禮教，並力求二者的和諧與統一，是正始名士人格的內在矛盾和本質特徵。甚至可以說，人格和心理的雙重化，是整個魏晉正統玄學流派人物的基本特徵。」〔註52〕雖然我們不必贊同王先生所言，但其所言也正是突顯人格典範——「聖人」——於魏晉之際確實是一「與現實有極密切關係的問題」〔註53〕，而且是一亟待解說其內涵者。

　　關於「聖人」之論辯，據何劭王弼傳所載，何晏與王弼均曾對聖人之性情有所主張。何晏之主張，基本上是依其在〈無名論〉〔註54〕中認爲宇宙萬物可分成兩列，一是有名及爲民所譽者；另一類則爲歸屬於聖人名無名、譽無譽者。二者之間作用有所不同，但具有相從、不違性，所謂「夫無名者可以言有名矣；無譽者可以言有譽矣。然與夫可譽可名者，豈同用哉？此比於無所有，故皆有所有矣，而于有所有之中，當與無所有相從，而與夫有所有者不同。同類無遠而不相應，異類無近而不相違。」〔註55〕依此，何晏認爲聖人體道之自然，有性而無情。何晏這種主張幾乎是爲時人所贊賞，以爲「其論甚精」，鍾會等祖述之。〔註56〕雖然這種主張說明了聖人是體『無』者，且與常人有所別，但是『無』這種爲萬物之本根而又與萬物決裂的兩難情境，並無法說明「聖人」足以爲人格之典範，也因而有「聖人」與『無』之關係的關注〔註57〕。王弼基本上與何晏同主『無』具有本根義，與晏不同者在弼之『無』爲全有，與萬物之關係建立在『自然之性』上。因此其間之區別也僅在於涵容之整全與否，而不在於『無』

〔註52〕可佐證於《中國文化的清流》，頁35。

〔註53〕請參閱羅宗強著《玄學與魏晉士人心態》，頁75，也可參閱劉澤華主編《中國古代政治思想史》，頁402。

〔註54〕該書部分內容保存於張湛《列子注》。

〔註55〕語出何晏〈無名論〉。

〔註56〕請參閱《魏志》卷二八，鍾會傳注引。

〔註57〕請參閱《世說新語》卷二文學篇，裴徽與王弼對話中關於『聖人』與『無』之問題。

爲脫離萬物而獨存。此於聖人則表現爲：

> 聖人茂於人者神明也，同於人者五情也。神明茂，故能體沖和以通無；五情同，故不能無哀樂以應物。然則聖人之情，應物而無累於物者也。今以其無累，便謂不復應物，失之多矣。〔註58〕

聖人與常人，於爲人之主體心性之材質結構上，都有喜、懼、哀、樂之情，是「民之自然」〔註59〕，也都以『自然』爲其性，〔註60〕所不同者在於應物時所表現之無累之情，是以「無累之情」緣何而生則是關鍵。吾以爲此當可藉由「性──情」之關係，及如何把握「性」之常得知。首先是「性──情」關係之說明：王弼以爲萬物（包括人）之生，即有「性」，此「性」於各類、種間自有所不同，但是此諸種「性」卻也有其共通之特質。即其生時已然如此，不是人爲、智慧等操縱之結果，也不是與物相接觸而有。後者王弼以爲是人之「情」，它可展現爲喜、怒、哀、樂……等各種情緒，它是因物而於主體心境之對待上的變化，於《易》之卦、爻，則指爻之變，爻變之原理則在於責其能隨時而變，在於其不執與不知其所以主，即在於能把握生時未散爲器之「樸」與「眞」，是以「情」欲得其正而不爲邪，則在於「性其情」。即以「性」統攝涵括「情」，以「情」之動、執、偏，復歸於「性」之靜、不執、與「全」。這種上、下之統籌關係與尋根復歸之關係，實即隱含「性」與「情」之間有「質」之相近性〔註61〕。這種相近性一方面在於「靜──動」之關係〔註62〕，並非相反對，而是靜涵攝動，靜是動之所以能生發之源始〔註63〕。靜與動是一種包攝關係，自有其同與異，其同在於其本源上皆爲虛靜、寂然至無；其異則在於其屬性不同，一爲內斂之靜、默、無言，另一則爲顯發於外之「雷動動風行，運化萬變」。換言之，一爲全有之發用，一爲偏有之發用。相近性之另一方面則見於其《論語釋疑・

〔註58〕同註56。

〔註59〕請參閱王弼《論語釋疑・泰伯》：「子曰：興於詩，……」之注。再者，王葆玹先生在《正始玄學》，頁379～380，主張王弼《老子注》主無情說，筆者以爲不然，因爲說明「無情無爲」之彙籥，王弼更言其「蕩然任自然」，因此事實上，關鍵就在『無』的涵義是指在情、爲上不執，《老子注》第二十九章曾言：聖人達自然之性，暢萬物之情。

〔註60〕同註33，第二十九章。

〔註61〕在此使用「質」一辭，是相較於思辨之形式性而言。

〔註62〕請參閱湯用彤著〈王弼聖人有情義〉，頁85，主張王弼似劉向，以動靜說情性。並可參閱王葆玹著《正始玄學》第九章，頁378，主張性靜情動。

〔註63〕請參閱王弼《老子注》第十六章及《周易注》復卦之注。

陽貨》以性情解「性相近也，習相遠也。」〔註64〕王弼認爲情與性只有相近性，而沒有同一性，「情」爲應物而來。因此可有欲，有欲原屬自然，但是自然之欲自有其所當止處，若無法把握其分際，讓欲因此過度膨脹，即是逐欲而遷，邪即因此而生，有邪即有所正。其正與邪以其相對反而言，同源自「欲」，是以「欲」有善、惡，即正、邪之別，然「情」亦可無欲——「欲而不遷」（《論語釋疑‧陽貨》），則無逐欲之困惑，也無正、邪——善、惡之分。依此，吾人可知「情」之所以有正、邪，是因「欲」而有，「欲」非應物，而是逐物；「情」就其自身之發用無所謂邪，若以發用之最終結果則有邪之可能〔註65〕。因此，從本根義而言，「性」、「情」有其相同之質，即『自然』。就此而言，並無善、惡、正、邪等人文價值之分判；其異則在「情」爲動，爲應物之發用，因而有逐欲之可能，以此方有人文價值之確立與導源、歸等要求及必需。有同有異，所以是相近，此並非空間之相鄰近，而更好說是親臨性的相近，是在作爲之顯示中發生的，就此而言，《論語釋疑‧陽貨》曾說到：

> 不性其情，焉能久行其正，此是情之正也。若心好流蕩失眞，此是情之邪也。若以情近性，故云性其情。情近性者，何妨是有欲。若逐欲遷，故云遠也；若欲而不遷故曰近。但近性者正，而即性非正；雖即性非正，而能使之正。譬如近火者熱，而即火非熱；雖即火非熱，而能使之熱。能使之熱者何？氣也、熱也。能使之正者何？儀也、靜也。又知其有濃薄者。孔子曰：性相近也。若全同也，相近之辭不生；若全異也，相近之辭亦不得立。今云近者，有同有異，取其共是。無善無惡者同也，有濃有薄者異也，雖異而未相遠，故曰近也。（皇疏）

〔註64〕 王弼注解之全文爲：「不性其情，焉能久行其正，此是情之正也。若心好流蕩失眞，此是情之邪也。若以情近性，故云性其情。情近性者，何妨是有欲。若逐欲遷，故云遠也；若欲而不遷，故曰近。但近性者正，而即性非正；雖即性非正，而能使之正。譬如近火者熱，而即火非熱；雖即火非熱，而能使之熱。能使之熱者何？氣也、熱也。能使之正者何？儀也、靜也。又知其有濃薄者。孔子曰：性相近也。若全同也，相近之辭不生；若全異也，相近之辭亦不得立。今云近者，有同有異，取其共是。無善無惡者同也，有濃有薄者異也，雖異而未相遠，故曰近也。（皇疏）

〔註65〕 同註19，頁383～385。王先生主張情有善惡，筆者以爲尚有可議處，即就其本根義而言，「情」乃自然，沒有善惡，然「情」之作用在於應物，是以有欲，因而有善惡，在此種分辨下，筆者方可接受王先生之結論。

其次，關於如何把握「性」之常。「性」就其可被把握而言，可從其生與其復歸分述其意涵，且由復歸中得知其把握之方法。「性」以其生，則自有該「性」，它是承受自身之所以然，有『自然』之「性」，其內涵則是虛、是中〔註66〕。此於有靈有覺之人而言，則含括情、欲之潛在及可行性；再者，「性」既為萬物之本源所指，且其「妙出乎玄，眾由乎道」〔註67〕，因此萬物以其「性」各自呈顯『無』。由此我們可知：「性」於人而言，是一非常特殊之存在，它是介於『無』之本根層域與情、欲之應物、逐物之層域者，它既呈顯『無』之為具象的個體性之可能，也肩負情、欲可由邪而使之正的功能。就復歸後所呈顯之「性」而言，是責求得「性命之常」，它所表現的是一種不具心有所別析之人文價值的評判，因此也無所偏頗，一切昭然自明，不需造做、執持使其呈現。以此，自能「蕩然公平」，於萬物則可苞通、容受，這正是「與天合德，體道大通，則乃至於窮極虛無。窮極虛無，得道之常，則乃至於不窮極也。」〔註68〕能得「性命之常」的關鍵在於體道、得道〔註69〕，其方法是「因」、「順」，「在方而法方，在圓而法圓，於自然無所違。」〔註70〕以此，「道」正是在「立言垂教，將以通性」之必須上展現『無』之為原理〔註71〕，此於人格上則呈顯為「聖人」，並由聖人之體道、通性呈顯其為媒介於本根層域之『無』，與境界層域之『無』的生命典範。這不但一方面說明了聖人之為聖人的根源與真意，另一方面也闡述了『無』之二層域的實在與必需。

第四節　王弼對「有──無」問題的多向探索

生存境域是複雜多向的流轉、顯示著，生命的取向也由豐富的各種可能性交織著。「有──無」雖然是顯示之整體，自有其豐厚之內涵，但是由於其整全、豐富猶如海洋之浩瀚，若無燈塔予漁人、船隻以方向，則其汪洋無涯只是大而無當的迷失。類比地，『無』之於「有」的豐富與整全，對於萬物（尤

〔註66〕中，盅也；指具有容納性，而非兩端點之中間的折衷性。
〔註67〕語出〈老子指略〉。
〔註68〕語出王弼《老子注》第十六章。
〔註69〕同上，第二十五章。
〔註70〕同註69。
〔註71〕請參閱《論語釋疑・陽貨》：「予欲無言……」之注。

其是人）之歸根上，也自有其形名轉換之必需。因此我以爲「本——末」、「靜——動」、「一——眾」、「道——德」是王弼試圖從不同之標的，說明「無——有」之哲學作用，並藉此彰顯「無——有」之爲問題探討於生存域之涵蓋面之廣與全。

壹、「本——末」與「無——有」

無論是就《晉書・王衍傳》所載，或是就王弼本人之著、注中，不可否認地吾人皆承認關於萬物存在之本源依據，他都將之歸於『無』。但是『無』作爲一生存依據，是一可藉體悟之行而顯示，並非由申說中可盡之理解。因此在萬物及其本源依據之關係的對待上與把握上的準據拿捏，則藉由「本——末」之轉換說明。於此我是分就兩部分探討：1.「本——末」與「無——有」之關係，及 2.「本——末」關係中「始、生、成」之解析。

1.「本——末」與「無——有」之關係

從《老子注》與《周易注》中，我們可發現有兩段文字足以表明「本——末」與「無——有」之間有一屬於「謂」域之「同一」〔註72〕：

> 天下之物，皆以有爲生。有之所始，以無爲本。將欲全有，必反於無也。《老子・四十章注》

> 天地雖大，富有萬物，雷動風行，運化萬變，寂然至無是其本矣。《周易・復卦注》

就宇宙中有形有名之物而言，總而名之，其呈現即是一具象、有所侷限之個物——「有」，它自有其動靜、變化，因此探究其得以呈現、運作之初始底基，若仍在同層域中尋索，則或是自因、或是一切都只是碰撞之偶然，無所謂原因。這是一種可能之說明，但是魏初之際，漢代之宇宙起源、構成之思潮並非嘎然而止，關於萬物之存在依據的本根探究也非立即呈現爲核心論題之一，王弼正是處於此一轉換的關鍵，而非帶有明顯過渡色彩者〔註73〕。是以他在類似起源之說明上，以「全有」及「反」消解何晏之異質因所導致之決裂。「全有」是「有」

〔註72〕〈老子指略〉中對於『謂』曾說明爲：出乎涉求，但仍未盡其極。且明言「道、玄、深、大、微、遠」之言，各有其義，未盡其極。再者也可參考正文中對『無』之轉換的說明。

〔註73〕王曉毅先生在《中國文化的清流》（頁214）主張王弼具有過渡色彩，若如此則王弼所指出之「名」、「謂」之區分與作用則不顯，『無』之別名亦不必要。

之「全」，其顯示則只能唯一地藉由「反」之運作使然。「反」，發揮一重要之哲學作用始自《老子》思想中之「遠曰反」（二十五章）、「反者，道之動」（四十章）、「玄德深矣遠矣，與物反矣，然後乃至大順。」（六十五章）、「正言若反」（七十八章）。「反」在此基本上表達了（1）與物相反之呈現：物之呈現是以形、名之方式顯示自身。就其為有形，則可為人所感知、觸、聞、且可得（既能得則亦能失）；就其為有名，則表示它在有序世界中以一種方式被安置，此一方式或因著社會性之需要、或是因著溝通……，所謂「始制有名」也，即因著一種非本根性的需求，顯示自身為一個別符號、徵象。與物相反之呈現則是幽深緲遠之玄德、大順，其真義可由「反」之作用確立。（2）反之作用：在《老子》中首要表現為「相反」之作用，是確立之形名的非確立，或說消解形名；其次為「返歸」，藉著消解『為人』之目的性所展現的人文性，復歸非人文，即非周文〔註74〕。王弼基本上繼承了《老子》之「反」義，但是在「反」之作用的強調次序則有所不同，《老子注》中提到：

> 遠，極也。周行無所不窮極，不偏於一逝，故曰「遠」也。不隨於所適，其體獨立，故曰「反」也。（二十五章注）

> 高以下為基，貴以賤為本，有以無為用，此其反也。動皆知其所無，則物通矣。故曰「反者，道之動」也。（四十章注）

基本上王弼是以底基、根源的思考說明「反」，因此「反」的首要義是「返」，「返」之顯示才呈現了價值、表徵符號……等之確立，即所謂「反」的出現。「返」與「反」之端點二者有實質區別，「返」作為一顯示之整體，是一不隨價值、符號所限之自在；「反」則是互相依存之對立，因此各有其限制，各有其所執持。再者，「返」與「反」之間有一涵蘊關係，它並不是一種邏輯性符號涵蘊，而是生之內容性的顯示涵蘊。此一涵蘊之所指，也不是思想推究至終極的源始、底基，而毋寧是實然之源頭活水。就此吾人確然贊同他以母子關係為例解，子與母就其精神象徵而言，是各自獨立之二事，但其中卻也有生命精神之延續，子之初現，實源自母之孕育；涵蘊之所指則既是生命源始，也是承載呈現之本根。涵蘊之出現，則是以「子──母」關係生發後之事，且是以子之立場而言，並非

〔註74〕請參考《哲學與文化》月刊二二四期：《老子》哲學中「自然」的觀念（作者：丁原植老師）。附加說明──此亦可從諸多古史中知曉：中國文化之源是一多元文化，多元文化的確立說明了周之宗法封建制形式之文化非單一，因此也非人文性選擇之唯一。

以關係生發前之「母」之自體所提出之說明。依此，藉由「反」之解析，我們可知「有」與『無』之聯繫與區別，及『無』之為「有」之「本」是基於「有」而論。此證諸《老子注》之第四十章注與《周易注・復卦》，吾人即可發現：當言及「本」時，或是就「有」之「始」、或是就「有」之變化說明。因此「本」與『無』之被提出是基於末、有，要求「反」之方式而得以呈現「返」。此一出於主體涉求者若以形名層域之專語稱之，即是屬於「謂」域，為「所謂者」之終且為「定彼者」之首的標的、臨界。

2.「本──末」關係中「始、生、成」之解析

關於「本──末」之說明，不論將其關係說為對立、矛盾〔註75〕，或是相對依存之雙迴向作用〔註76〕，吾人發現他們都是以本體──現象之方式解析。這對筆者瞭解王弼思想中之「本──末」關係的確造成了困惑，為求真解之可能，不得不作一分辨，大抵西哲之「本體──現象」是基於主體理智對於生存界之理解所作之辨明。因此「本體──現象」是屬知解上之分辨，並不涉及倫理、美感之體悟，然而正是在此一關鍵處，王弼言及「本」並確立「末」之得以「返本」的可能，此則涉及「本」與「末」間之關係：「始、生、成」的說明。

「始」，基本上是表達對兩種不同之境域、劃分彼此之一種分裂性的哲學作用，這一種分裂性具有「起點」之性質。因此也蘊涵著某種狀態的終止，及另一種狀態之開始，而兩種狀態或說兩種境域，彼此之間卻是多種可能與單向擇取之分辨。因此所謂分裂，也只是權宜之說，實質上究其關係底蘊則猶如母子關係底蘊中之家族相似性。關於「始」的這種特質，吾人可從《老子注》中發掘。

> 凡有皆始於無，故未形無名之時，則為萬物之始。及其有形有名之時，則長之、育之、亭之、毒之，為其母也。……
>
> 兩者，始與母也，同出者，同出於玄也。異名，所施不可同也，在首則謂之始，在終則謂之母。……（第一章注）
>
> 天下之物皆以有為生，有之所始以無為本。……（第四十章注）

「始」在王弼思想中，是發揮「無──有」之形名分辨的哲學作用，而非僅僅是時間、空間之開端，這主要是關聯到王弼之注解中不提天地而以萬物涵

〔註75〕請參閱溫公頤著《中國中古邏輯史》，頁220～223。
〔註76〕請參閱林麗真著《王弼》，頁55。

括之。萬物基本上是一「生」之整全的顯示，當其納入思辨之層域則轉化爲「形──名」，「始」則分判了未形無名與有形有名之境域。其次，以「萬物」一詞取代「天地」，一如《正始玄學》中所言：「……因而可以肯定，王弼像王充一樣，只承認萬物有始，不承認天地有始。或者說，只講陰陽合成萬物的宇宙構成論，不講宇宙發生論。」〔註77〕「始」因此也具有構成之起始義，而與其相反相應之詞，就不再是「終」而是「成」〔註78〕。這種構成起始義之「始」，事實上即是一種可能性之擇取、實現，同時也蘊涵著未形無名境域中，諸多實現之可能性已在一種選擇中分判爲兩種層域。「分判」在此是表達了以一種擇取，延續整全之顯示。就此延續性而言，其構成有了開端，以此「生」、「成」之哲學作用是爲必要與必然。「生」之作用之發揮，基本上蘊涵如下之四種特質：（1）是在形──名層域中展現爲「長、育、亭、毒」之輔佐、養育、照顧、愛護……等作用。（2）「生」實際上是一生機之呈現，與之相應的是「死」，所謂「生之厚必入死之地」〔註79〕。（3）「生」說明了相反概念間的關聯，即相反對立之概念是在倫理層域中，依據互爲主觀性對同類事件所給出之判準，這些判準彼此是程度等級之差。因此其一之出現蘊涵了另一者之成立的可能性，此亦即「甚美之名，生於大惡，所謂美惡同門也。」〔註80〕（4）基本上是立於形──名層域中發揮其作用，其極盡並非「生之厚」，而是「雖死而以爲生之，道不亡乃得全其壽。身沒而道猶存，況身存而道不卒乎。」〔註81〕是以「生」實質內涵上，還關係著讓「生」之作用得以立於形──名層域的「無」，所謂「萬物皆由道而生，既生而不知其所由。……萬物皆歸之以生，而力使不知其所「無」，所謂「萬物皆由道而生，既生而不知其所由。……萬物皆歸之以生，而力使不知其所由。」〔註82〕「生」的這種既有所由，而又不知其所由的特質，乍看似乎矛盾，實則是因其相應於「始」、「成」兩種不同作用所展現之作用特質。此即「應自然」──就其爲形名之然，已是在分判之列，分判展現爲一種「應」，是實然之回應，是以有所由。就其實質內涵而言，則仍是『無』之綿延，仍是『自然』，是以不知其所由。

〔註77〕請參閱王葆玹著《正始玄學》第二章，頁 202。

〔註78〕同上。

〔註79〕《老子注》第十三章。

〔註80〕同上，第十八章。

〔註81〕同上，第三十三章。

〔註82〕《老子注》第三十四章。

「生」的這一特質，實際上也點出了「成」之實現，「成」之爲一哲學作用事實上是相應於「物──爲」與「功──居」等慣性思考而展現。所謂「物──爲」與「功──居」基本上仍侷限於形──名世界，而此一世界與『無』域最大的不同在於：形──名世界是建基人心之別與析，由於人之分別心，是以有形名層域中相反相成之概念。所謂「美者，人心之所進樂也；惡者，人心之所惡疾也」〔註83〕。其次，在形名世界中人心之於物之成、事之功，總是以其別析心昧於榮利、惑於競進，將自身之個別心再次侷限於具體情事之小成中，並且以此自詡當以「爲」、「居」之方式作爲成物、功事之評價準則，忽略了生存世界除了就其自身去看待外，還需尋求其定位，定位之可能則來自自身之外之境。若就個別侷限性而言，則其定位當以破除個別限制而返歸其整全，如此則能更眞實地顯示該個別之爲個別，此亦即〈老子指略〉所言：「夫欲定物之本者，則雖近而必自遠以證其始。夫欲明物之所由者，則雖顯而必自幽以敘其本。故取天地之外，以明形骸之內；明侯王孤寡之義，而從道一以宣其始。」其三，「成」之極至是不爲不居之「成」，是返歸於『無』之作用，並且將直線式慣性思考代之以圓融思考，所謂「功自彼成」〔註84〕、「不爲而成」〔註85〕。

貳、「靜──動」與「無──有」

若說「本──末」是就宇宙萬物之生存依據，探討其本原與究極的本根論，那麼「靜──動」問題之說明，則是關涉生存物之生長變化的宇宙構成性之本根論。此乃因「靜──動」作爲一哲學範疇，其初始義即是作爲宇宙構成中運動、變化的解析；而其第二義則爲王弼所衍生爲本根之特質之說明，且由於此一本根特質之詮釋，也使得「靜──動」之相待性轉化爲具有返本之特性的層次關係。茲就「靜──動」之二義與「無──有」之關係分別說明如下：

1.「靜──動」之相待義

在《周易略例・明卦適變通爻》一文中，我們可以發現「靜──動」一辭有一非常特殊之用法，即在作爲萬事萬物變動之象徵的卦爻世界中「靜──

─────────

〔註83〕同上，第二章。
〔註84〕同上，第二章。
〔註85〕同上，第三十八章。

一動」是一相反相待之狀態，是物、事或運動或靜止的說明，這不但是一種
時間性、也是一種空間性之顯示，而且此變化情狀並無非得如此不可之事，
一切均是用之可能、變化之可能，關鍵則在於「時」。〈明卦適變通爻〉曾云：

> 夫卦者，時也；爻者，適時之變者也。夫時有否泰，故用有行藏；
> 卦有小大，故辭有險易。……故卦以反對，而爻亦皆變。是故用無
> 常道，事無軌度，動靜屈伸，唯變所適。故名其卦，則吉凶從其類；
> 存其時，則動靜應其用。尋名以觀其吉凶，舉時以觀其動靜，則一
> 體之變，由斯見矣。

在《易經》經文中規範一卦之說明者除卦爻辭外，其核心當在卦象上，由六爻
之陰陽排列所型構之六十四卦象中，基本上是一既濟、未濟的「復」，由「復」
而呈現「恆」，其單元結構則是「卦」，卦之總體是「時」的表達，甚至爻也是
「時」變。時變之實際內涵，則是時間空間中物之動作（或運動或靜止）及事
理之彰顯、隱晦，那麼顯示爲「時」之「動──靜」，基本上是一互相對待而
成立之相反概念。關於這一點，還可佐證於《老子注·十五章》中所云：「夫
晦以理，物則得明；濁以靜，物則得清；安以動，物則得生。此自然之道也。」
此處之「動──靜」乍看似屬於對物之不同狀態的處理，然而其實質內涵並非
僅止於此，當我們將其注文中動、靜二辭予以調換，則發現所期待之「清」、「生」
將不可能實現，仍舊處於混濁、寂然不動。以此其深層結構徵諸經驗事實說明
了「動──靜」確實是同層次中的相待成立之概念。

　　2.「靜」之本根義

　　「靜──動」一辭在王弼思想中基本上具有一非常特殊之作用，它一方
面是作爲萬物之可見可知之層域的變化環節；另一方面則又表達二者之間並非
相待關係而是層次轉換關係。因此乍看之下似彼此矛盾，其實不然。在「動
──靜」之相待關係中，「時」是作爲動、靜之得以顯示之可能，或者說動、
靜的實現性將「時」予以規範爲可觀察、可計量之顯示，此中之關鍵就在「時」
之涵義。不論是在《孟子》、《中庸》或被歸爲儒家典籍之《周易》經、傳〔註
86〕，「時」是一重要概念，表面上其所指乃「時機」也，但實質所涉爲一甚爲
複雜之內涵，即在「天生烝民，有物有則。」〔註87〕及「天生德於予」〔註88〕

〔註86〕關於《易傳》，今在大陸由於帛書易傳之出現，問題仍在爭論中。
〔註87〕語出《詩經·大雅·烝民》。
〔註88〕語出《論語·述而》。

之前提下，「時」之內涵爲自然之運行及爲人所知所感後所顯示之時間性與居所性。說其爲一涵有居所之特質似乎將空間納入時間中，但是對於〈乾卦・象傳〉之說明稍加留意，即可發現時、位是在相互資助中成就自身。因此「時」之居所性之特質，大抵是兩漢時才確立成爲共識，這一方面表現在當時代研究易學之情況：即主張六十四卦三百八十四爻爲物宜之象，是「一陰一陽之謂道」的象，是以在聖人則天配天之古訓下，理解自然之法則、探究卦爻變化之規律遂蔚爲時尚，後世則以象數易明之。此一探討方式仔細深究其內容將可發現它潛藏著「時」。換言之，將《周易》經、傳中「時」的問題轉換爲卦爻變化之規律研究，此即「時」之居所性質。另一方面則可從西漢時之易學通論〔註89〕——《易緯・乾鑿度》中首次發現「易」有三義：「孔子曰：易者易也，變易也，不易也。」〔註90〕其中「不易」乃《易緯・乾鑿度》的闡發〔註91〕，此除了朱伯崑先生所言「目的在論證封建社會的等級秩序是不能變易的」之外〔註92〕，筆者以爲它在哲學上所發揮之作用是：闡明《周易》經、傳中「復」、「恆」之理念，所謂「易一元以爲元紀」〔註93〕。依此「時」之居所性質也是指不斷歸返源始之恆久性。王弼注解《周易》雖然與象數易之方法不同，但是仍然承襲漢象數易之「時」義，且更進一步融通《老子》、《易經》，消解《老子》思想中不可解之動靜關係〔註94〕，以「時」問題之轉換所具有之特質補足了理解上之斷層，且更確立「靜」之本根義。

至於「時」與「靜」之關係，筆者以爲可從王弼《周易注》中之恆卦、復卦窺其奧妙。恆卦上六注曰：

> 夫靜爲躁君，安爲動主。故安者，上之所處也；靜者，可久之道也。
> 處卦之上，居動之極，以此爲恆，無施而得也。

〔註89〕請參閱朱伯崑著《易學哲學史》卷一，頁182～183。
〔註90〕《易緯・乾鑿度卷上》，頁51。
〔註91〕同註89，頁185。
〔註92〕同上，頁185。
〔註93〕同註90，頁53。
〔註94〕動，作爲一種變化而言，《老子》並非如馮友蘭先生所言厭棄「動」，因爲「反者道之動」，可見「動」是一事實且必要；再者，『靜』在《老子》十六章中所表達的是主觀心境之狀態，於物則是變化的返歸。筆者以爲問題在於：無論「動」與「靜」是否屬於不同層次之主張，但是都必然遭遇「歸根曰靜，靜謂復命」與「反者道之動」所導致之難題——靜如何是一涵攝動之靜，動——靜在素樸之對立中，靜如何能統攝此一對立？肯定「反之動」與肯定「靜」之間的確需要進一步精緻之說明。

　　方，事也。冬至，陰之復也；夏至，陽之復也。故爲復，則至於寂
　　然大靜。先王則天地而行者也，動復則靜，行復則止，事復則無事
　　也。(〈復卦・大象注〉)

「靜」基本上是指一種無聲無息的泰然安靜，在這樣一種顯示中並不指涉一
死寂之狀態，而是將緣於個別、侷限所發之各種情況消解，並歸返本源展現
爲「動之極」、「可久之道」、「無施而得」之本根。《周易注・復卦象傳注》
云：

　　復者反本之謂也。天地以本爲心者也。凡動息者靜，靜非對動者也；
　　語息則默，默非對語者也。然則天地雖大，富有萬物，雷動風行，
　　運化萬變，寂然至無是其本矣。故動息地中，乃天地之心見也。若
　　其以有爲心，則異類未獲具存矣。

由「復」之返本與「恆」之可久，建構了「時」與「靜」之聯繫，同時也將
「靜」與「動」之關係導向爲層次之轉換，「靜」是「動」之極，而非與「動」
相反相待之同層次關係。關於這點或可借助希臘哲學家亞里斯多德所提之「不
動之動者」作爲類比性的理解。因著「靜」的這種本根義，在〈復卦・象傳
注〉中「靜──動」與「無──有」之間存在某種向度之同一，亦即「靜─
─動」僅僅是從變化的向度說明萬有與本根之『無』的聯繫。

參、「道──德」與「無──有」

　　「道──德」一詞組，在先秦道家與儒家哲學中各具有不同之意含與哲
學作用，在孔子思想中「道──德」並非作爲哲學論述中重要的哲學概念，
而是以「天──人（仁）」爲其思想之核心，「道」所指是天下有道、無道、
忠恕之道，其實質內涵是指出其政治理想──禮樂征伐自天子出，而非自諸
侯出(《論語・季氏》)。這一政治理想基本上建基於一與西周不同之「道」〔註
95〕，即其學生曾子所言之「忠恕」之道，或指《論語》中之「仁」，這樣一
種「道」之內涵，其時也是一種「德」之實質展現〔註96〕。但是這並不意味
「道」、「德」在孔子思想中無分別，「道」所指常是提供人行仁、行德一方

〔註95〕請參閱馮友蘭著《中國哲學史新編》(一)，頁140。
〔註96〕《論語・述而》曾云：天生德於予。此處主要是說明「仁」在孔子思想中居
　　　　於「人──天」溝通之再建立的可能性，也可藉此瞭解孔子一脈之儒家，基
　　　　本上是以「人德」問題之深化予以探究、解決天命之德在禮樂制度中的形式
　　　　僵化後所引起之混亂，以重新確立人文道德價值爲其職志。

向與依準，其第一義爲天道〔註97〕、道〔註98〕；其次則爲「邦之道」、「父之道」。「德」主要是就人之行爲表現爲信、寬、恭、敏、惠……等而言，其足與配天地之德爲「仁」。總括言之，孔子之「道——德」是匯歸於「仁」而言之，「仁」不但具有政治義也具有倫理義〔註99〕，是承繼西周禮樂文化而更進一層將禮樂導源至源始之「天——人」聯繫上，並且賦予人文性之道德價值。孟子時已將「仁德」更進一層指其爲人心之四善端，《中庸》則開宗明義陳述「天命之謂性，率性之謂道，修道之謂教。」「道」成爲天之道、人之道的迴向指標，「德」因此爲承襲「道」之潛在而於修養教化中之現實。

《老子》思想中首次以「道——德」爲哲學論述之主題，且所論並非就倫理中之道德意涵陳述，而是賦予形上意義，以爲「道是天地萬物所以生之總原理」〔註100〕。「道」則一方面指之生存的原理之一，其作用是「畜」，宗旨則是「尊道貴德」（《老子》五十一章）；另一方面則是指玄德、孔德……等，其內容則是無爲之涵容性，而非確立價值倫理之典範。此即所謂「德」並非仁、義、禮之表現，仁、義、禮反倒是失「德」、失「道」（《老子》三十八章）。

王弼思想基本上是先秦道家的復興，「道——德」之內涵則有所承襲《老子》，卻也有新義，即以「道」爲『無』之稱（《論語釋疑・述而》）。「道」是一方面指涉名、謂層域之本源，其內容則是無形、無名、常無爲，爲聖人所能體之歸趨，且是萬物之所由者；另一方面則指向人之性、物之性。《老子注・二十五章》云：

> 道不違自然，乃得其性，法自然也。在方而法方，在圓而法圓，於自然而無所違也。

> 不壅不塞，通物之性，道之謂也。（〈老子指略〉）

「道」這一種迴向指標之特性，藉著人之「性」、物之「性」的確立，將道家哲學中無關乎人性、人心之「道——德」予以轉化爲相聯繫，並將《管子・心術上》所云之：「德者道之舍」的觀點中之「道——德」環節予以補足。就此而言，王弼是將儒道之學作了一種融合，或者也可說是將道家哲學中不可避免之『人』的問題予以正視並精確之。

〔註97〕 語出《論語・公冶長》：「子貢曰：夫子之文章，可得而聞也；夫子之言性與天道，不可得而聞也。」
〔註98〕 此指《論語・里仁》所云：「朝聞道，夕死可矣」之「道」。
〔註99〕 請參閱張豈之著《中國思想史》，頁 52～53。
〔註100〕 請參閱馮友蘭著《中國哲學史新編》（一），頁 222。

　　「德」，依《韓非子・解老》之說明：「德者內也，得者外也，上德不德，言其神不淫於外也，神不淫於外，則身全，身全之謂得，得者得身也。凡德者以無爲集，以無欲成，以不思安，以不用固，爲之欲之則德無舍……。」以此觀乎道家之「德」大抵無所失，即「德」是一於自身內有其潛藏，顯現於外則身自有其成全，將潛藏之「德」現實化，「德」的內容則是無爲無欲。王弼所論述之「德」大抵亦是物循道而有所得者，但是由於提出物性、人性，「德」之爲潛藏只是輾轉地肯定，其終歸是『自然』、『無』所使然。以此「德」是個體之有所得而表現於外之狀態，「德」之內容則是「順」，「順」的實質即是無爲、不言、恬淡。《老子注・六十三章》云：

　　　　以無爲爲居，以不言爲教，以恬淡爲味，治之極也。

　　　　小怨則不足以報，大怨則天下所欲誅，順天下之所同者，德也。

由於「德」是一表現在外之狀態，且本是物性、人性之當然，但因「欲」之應物而有正邪之分，《老子注・五十三章》云：「凡物不以其道得之，則皆邪也，邪則盜也。夸而不以其道得之，盜夸也；貴而不以其道得之，竊位也。故舉非道以明，非道則盜夸也。」是以有育德、養德、成德之說〔註101〕，其極至則是以『無』爲其內涵而表顯，這樣一種發用事實上也是一種回歸本源，《老子注・十六章》云：「與天合德，體道大通，則乃至於窮極虛無也。」此種本源之回歸，好像確立一種價值典範爲人所應執持，爲避免陷入限定而失去『無』之爲用的方法性。是以強調「玄德」，說明「德」之有、出現是不被執持也不知其所以然的，完全是自己使然、自然而然。《老子注・七十七章》云：「如惟無身無私乎？自然，然後能與天地合德。」此亦即是十六章注所謂：「窮極虛無，得道之常，則乃至於不窮極也。」

　　　　就上面所述，「道──德」皆與『無』相關，「道」是『無』之稱〔註102〕，是萬有層域中之路向指標，也是萬有之性存在之說明。因此也與「有」相關。「德」則是萬有從道、由道而有所得者，藉此所得，它展現一種『無』的特質。因此「德」與『無』之關係是就萬有之性情復返事實本源之所得之狀態表現於外之說明。「德」與「有」之關係若相較於與『無』之關係，即可發現二者僅爲等級之差，一者指有所得而有德，然而卻不知其所主、不知其所以然，是不德其德；另一者則亦是有所得而有德，然而卻落入「有」之限定，

〔註101〕請參閱王弼《周易注》，蒙卦、蠱卦之注。
〔註102〕請參閱王弼《論語釋疑・述而》云：「道者，無之稱也，無不通也，無不由也……。

是以「各得其德，而未能自周也。」〔註 103〕另外，這一種「德」是在限制中被視爲典範，作爲「立善治物」之必要者，成了有所爲、有所求而爲之之「下德」且「德名有焉」，是失道之德。「道」、「德」之區別，並非一者爲『無』、另一者爲「有」；也不是一爲「生」之總原理、一爲個別化之原理〔註104〕。再者「道」、「德」之間也不存在「德由道生、道爲德父……道爲慈母」〔註105〕。「道」、「德」基本上皆是『無』於形名層域中的發用，當「德」爲「玄德」，則「道」與「玄德」皆是『無』之謂；就萬有而言，「道生萬物……萬物歸之以生」（《老子注・三十四章》），「生」在王弼思想中並非指創生，而是就存在依據而言，這點或者也可從《老子注・三十四章》之說明得到釋証。即：

> 萬物皆由道而生，既生而不知其所由。故天下常無欲之時，萬物各得其所，若道無所施於物，故名於小矣。

「生」的實質作用是「若無所施」，「施」是延及，「若無所施」則是綿綿若存之綿延，「道」這一種「生」的作用在《老子注・三十三章》就曾提到：「雖死而以爲生之，道不亡乃得全其壽。身沒而道猶存，況身存而道不卒乎。」「德」就其爲「玄德」而言，是聖人合天地之德的『無』之境界義。就其與萬物之關係而言，是萬有由「道」之所得，萬有各有其所偏、所執，此「德」乃失道之下德，諸如仁、義、禮等，是有所爲而爲之「德」。總括而言，「道——德」是就萬有彼此間形上之自然倫常觀點立論，論述「無——有」之間『無』如何作爲

〔註103〕請參閱王弼《老子注》第三十八章。
〔註104〕王弼對「道——德」之主張與《老子》不同。《老子》因時代性提出「道」爲源史「天——人」之「天」，強調源始之自然、非人文道德性，「德」在此自然要求之哲學下，並非就人之品德而言，而是由道而有，爲物畜之原理，是以馮友蘭先生在其早年所寫之《中國哲學史》即以物知得以生之總原理、個體性原理區分「道」、「德」。王弼之「道——德」，於內涵上大體承襲道家之自然義，但在說明上加入「人性、物性」，是以「道」成了「有、無」之迴向指標，「道」是「有」趨於『無』，返歸於『無』之狀態、行爲所展現之境界。
〔註105〕請參閱王葆玹著《正始玄學》，頁 229～230。基本上王先生所言之「道生萬物而使得德」之前提，筆者亦可接受，但筆者以爲「道——德」只是『無』之爲「用」的兩種方向之說明，「道」說明萬有需求指標之必然與必要，「德」指出「萬有之性」的表現，「道——德」之關係並不存在「本——末」、「生」之關係。筆者以爲與王先生之差異在於：筆者確立「萬有之性」爲其轉折點，就第一義言，「道——德」都是『無』在形名層域之發用，其第二義，則「道——德」有一關係，即指標與個體之表顯，彼此間有原因性存在，但這種原因性爲目的之原因性，而非動力之原因。

「有」之存在依據，以及「有」如何能夠在境界中把握『無』，提點形名層域是因『無』而確立，其表現之極致也要求歸返、或說提昇至『無』之自然。

肆、「一──多」與「無──有」

　　「一」這問題的重要性，在先秦孔、老之思想中已被提出，類似「一──多」之問題在思想史中也不斷地被討論〔註106〕，道家哲學中論及「一──多」之問題常是涉及「道」與萬物之關係性，王弼亦不例外，並進一層將其擴充為人事、政治等處理之原則，所謂「眾不能治眾，治眾者寡也。」更且還以此一原理將兩漢解釋卦、爻條例之象數主流導引到義理之方向，關於這一點朱伯崑先生、王曉毅先生均持有類似之主張〔註107〕，而在其大衍之數、主象、象、一爻說中亦可窺其端倪。茲就「一」之意義、「一」與『無』之關係、「一」與萬有之關係說明：

　　1.「一」之意義。「一」在王弼哲學的使用中蘊涵兩種意義之使用，一者指計數中之一，此一是「一家」、「一國」、「一象」、「直不在一」、「無不在於一，而求之於眾也」之「一」，因此所表達的是具有個別之限定，且與同種類之個別物彼此有所區分。相應於整體之「多」而言，它是「多」中之部分，在量上是「多」之能成為眾的因素。換言之，無此「一」則「多」是不可能出現的，這樣一種「一」於其實質內涵則是《老子注・三十八章》所云：「殊其己而有其心，則一體不能自全。」若這一種「一」於自體即成全，則物與物彼此間當是無所別析之可能，也無所謂「多」，「一與多」是一種堆積與包含之關係。另一方面，「一」也指「數之一」，這樣一種「一」是就始源而言，且是形名層次之始源，此即《老子注・三十九章》所云：

　　　一，數之始而物之極也。各是一物之生，所以為主也。物皆各得此
　　　一以成，既成而舍一以居成，居成則失其母，故皆裂、發、歇、竭、
　　　滅、蹶也。

數與物基本上是「有」這一層域的表徵，「一」則是指出現此一表徵之源始，它具有承載並使數、物等得以成其為一數、一物之作用，若無此作用，則甚至「有」亦是在無所別析之渾然中，更無所謂形名層域、本根層域之成立。

〔註106〕可參考馬序著《中國古代哲學史新編綱要──從一多關係研究傳統哲學》。
〔註107〕可參閱朱伯崑著《易學哲學史》卷一，頁280～295。及王曉毅著《中國文化的清流》，頁190～191。

這一切旨在表明「一」是基礎、根源，同時也是劃分之起始，由於是形名之起始，因此也是形名之極至、或說真正的本性所在。但是它並不是如同由此而有之數、物之形名屬於同一級之個別之成，這就猶如統三十輻之轂，以其能受物而言，轂非輻也，其真正則是人在形名層域中之任何究詰都不可能獲得一明確限定下，對於「混」的稱謂。這一情形下之「一與多」，實際上乃是容受性之統籌與用的關係，彼此無所謂矛盾統一〔註108〕，也不是整體與部分之關係，畢竟「多」絕對不可能是「一」之部分。容受性之統籌是說明「多」藉著一不在「多」之個別限定中而又能使「多」發揮其個別限定的作用，它與「多」之間是一作用關係，同時藉此作用而有通之可能，以輻轂而言，即使輪具有能行之潛狀，以物而言，即使物有通其源始之可能。

  2.「一」與『無』之關係。此「一」是指藉其為數之始而作為物之生、物之極的「一」，是「萬物萬形，其歸一也」的「一」，作為一歸趨者，「一」不在萬有之序列中，但確是萬有序列得以為萬有的可能，在韓康伯所注之〈繫辭傳〉中引用了王弼關於大衍之數的一段話，筆者以為足以說明「一」的定位：

> 王弼曰：演天地之數，所賴者五十也。其用四十有九，則其一不用也。不用而用以之通，非數而數以之成，斯易之太極也。四十有九，數之極也夫無不可以無明，必因於有，故常於有物之極，而必明其所由宗也。

《易・繫辭傳》中曾就《易經》之結構說明為：太極、兩儀、四象、八卦、六十四卦。「一」猶如「太極」，因此是萬有出現之源始，相應於萬有則「一」是『無』，「一」與「萬有」是一種相需之顯示。換言之，始源之提出是因著有始源之問、或要求而有，萬有之成其為萬有，是始源之作用使然。是以此一相需之顯示，並非相反概念彼此間之相反相成之相需，所以「一」與「萬有」之間也沒有矛盾對立之性質。既然「一」與「萬有」是一相對之相需，即已表明「一」與『無』之間仍存在「謂」之差別，亦即「一」基本上作為一始源，是吾人實際遭遇、體悟『無』時，於言說層域所不得不然之稱呼，《老子注・四十二章》云：

〔註108〕趙書廉先生及坊間所見之書籍，當論及「一——多」之問題時，皆主張彼此是對立、矛盾之關係，並由「一」將「多」統一，但筆者以為這在理解上仍有待進一步之釐清。

萬物萬形，其歸一也。何由致一？由於無也。由無乃一，一可謂無？
已謂之一，豈得無言乎？有言有一，非二如何？有一有二，遂生乎
三。從無之有，數盡乎斯，過此已往，非道之流。

3.「一」與「萬有」之關係。「一」是『無』之別稱，「一」立基於形名層
域與萬有之間是相需之作用下的提出，但由於「一」之內涵仍然指向『無』，
「一」仍舊是面對萬有、處理萬有、統籌萬有的最佳指向，也是人面對歷史
古今得以有清明把握之立基點，是萬有之宗主，也是萬有之所歸。《老子注》
四十七章注云：

事有宗而物有主，途雖殊而其歸同也。慮雖百而其致一也。道有大
常，理有大致。執古之道，可以御今；雖處於今，可以知古始。……
得物之致，故雖不行，而慮可知也。識物之宗，故雖不可見，而是
非之理可得而名也。

既然「一」具有預示之作用，相應於萬有而言，「一」是一原理，是一生命性
之原理，它與萬有之間並不是推衍之關係，也不是規範萬有，而是守母存子，
「貸之非唯供其乏而已，一貸之則足以永終其德」式之原理。因此預示也只
在於知曉被預示者之將歸「一」，「一」仍為被預示者之宗主，「一」不是指涉
全體，萬有也非部分，「一」毋寧是萬有之本眞──自然。《老子注》四十九
章注云：

物有其宗，事有其主。如此，則可冕旒充目而不懼於欺，黈纊塞
耳而無戚於慢。又何為勞一身之聰明，以察百姓之情哉！……若乃
多其法網，煩其刑罰，塞其徑路，攻其幽宅，則萬物失其自然，百
姓喪其手足，鳥亂於上，魚亂於下。

這種執簡御繁，執一統眾的把握，也體現在《周易注》、《周易略例》中，朱
伯崑先生曾就王弼解《易》之體例，提出一爻為主說、爻變說、適時說……
等〔註 109〕，筆者以為這三項或是基於治眾者至寡也，或是對於「一」之詮
解使然。因為「一」之為『無』，是無心於成，是「明物之性，因之而已，
故雖不為，而使之成矣。」既強調「因」、「順」，在卦、爻之關係上自然主
張無一成不變之形式，所執之「一」，其眞義更在於以「爻變、適時」為「貞
一」。

_____

〔註109〕同註 107，頁 280～313。

伍、『無──有』與「自然──名教」

『無──有』之多方向之說明，顯示了「有」之豐富性，「有」不單指個體、事象，還涵蓋個體事象彼此間可能展現之變化情態，以及五教之復歸本真的可能；個體事象以其有形，是以有「名」。「名」基本功能是指「實」，即「名也者定彼者也。」此「彼」就中國哲學傳統而言，並不單指作為符號之名稱，同時還是刑名、名位之「名」。換言之，「名」與制度相關。五教所涉乃是人倫之教化，人倫之價值所在，不論道家或儒家皆肯定「教」，道家強調「不言之教」（《老子》第二章及第四十三章），儒家之《中庸》首章則明言「修道之謂教」，是以儒、道皆主張「教」乃「行」之事。只不過在「名」、「教」之主從上，《老子》主張「名可名，非常名、始制有名」，「名」基本上為「言」之居所，「名」與「不言之教」屬不同之指涉〔註110〕，二者之間具有「可／常」之關係〔註111〕，亦即「教」之行乃屬綿延之生命域，『名』是屬此域中有所制、有所確立之形名層域。儒家雖則主張「教」乃「行」之事，但此「行」乃指德行，是顯示德性之行為──「修道以仁」（《中庸》第二十章）；其實質教化之項目則當如《論語・述而》所云：「子以四教：文、行、忠、信。」因此「教」是教育、教化，其所由來確是在於「名之正」。《論語・子路》云：

> 子路曰：衛君待子而為政，子將奚先？子曰：必也正名乎！子路曰：
> 有是哉，子之迂也！奚其正？子曰：野哉，由也！君子於其所不知，
> 蓋闕如也。名不正，則言不順，言不順，則事不成；事不成，則禮
> 樂不興；禮樂不興，則刑罰不中；刑罰不中，則民無所措手足。故
> 君子名之必可言也，言之必可行也。君子於其言，無所苟而已矣。

儒家之從周文，是孔子所明言，周之得天命是以「德」而有其政，天命具有可移轉性，是以永保天命乃當務之急。「孝」、「德」則是政治、倫理、宗法制度主要內涵與精神所在，並以宗法制重新確立天命承續之血緣關係，宗法之維繫也確保了政治秩序之穩固，天命因此得以永續〔註112〕。春秋時各諸侯大夫已不再尊周天子，於禮樂上時有僭越之情事，孔子生處此時，以為周天命

〔註110〕請參考丁原植著《THE EVENT OF WEST AND EAST：A DIALOGUE BETWEEN HEIDEGGER AND LAO TZU》第二章，頁 26～44。

〔註111〕關於「可／常」作用之分辨，請參閱丁原植著《老莊哲學中「有」「無」問題之研究》第一章，頁 17。

〔註112〕請參閱張豈之主編《中國思想史》第一章，頁 9～16。

之永續在於「名」之正，贊揚管仲之「尊王攘夷」〔註113〕，名正則可言順、
事成、禮樂興。「教」是相應於「學」而言，教之內容是經由「言」，其導向
則在成德，興禮樂。《國語‧楚語上》叔時曾云：

> 教之春秋，而爲之聳善抑惡焉，以勸戒其心；教之世，而爲之昭明
> 德而廢幽昏焉，以休懼其動；教之詩，而爲之導廣顯德，以耀明其
> 志；教之禮，使知上下之則；教之樂，以疏其穢而鎮其浮；教之令，
> 使訪物官；教之語，使明其德，而知先王之務用明德于民也；教之
> 故志，使之廢興者而戒懼焉；教之訓典，使知族類，行比義焉。

就周文化而言，「名」確保了天命之德的永續，「教」則是在「名」之下之一
輔助，藉由名言導向天命之德的教化作用。因此「名」、「教」儒家思想中是
主張「教」之爲「行」，是名、言中之「行」，或者更根本地說，周文化已將
「德」之行轉化爲名言之處理。就此而言，儒家是承襲了周文化。

　　王弼思想中關於「自然」、「名教」並未視之爲哲學問題予以處理，就此
層面而言，他確也在思想探討中分別就「自然」、「名」、「教」提出見解。「自
然」基本上具有三向指涉，一爲就物性而言，二者就人之於物之「因」、「順」
作用而言，三者是就事實本源之『無』而言。三者彼此間並非割裂的存在，
而是渾然爲一，其第一義是作爲事實本源之『無』，其次才是因此而有之物性。
「名」則是作爲物之形的指稱，說明萬有別析之作用，因此具有指實、符號
象徵之功能。「教」就其功能而言，則仍依循《老子》強調「不言之教」；另
一方面，「教」也指五倫之教，此「教」則是形名層域中人倫關係之指稱，因
此可納入「名」之說明中。「自然」——「名」——「教」三者之間自是形成
一環，就「教」之爲五教而言，名與五教之本根都指向『無』。因此，「自然」
與「名」、「教」或說「自然」與「名」之間，王弼是主張「名」本於「自然」，
萬有本於『無』；若就「教」之爲「不言之教」而言，由於物性自然，物又以
其形而有名，別析性所具有之有限、侷限就在呼求復歸本源之要求下，藉由
不言之教、無爲爲化以順物自然返歸『無』。換言之，「名」藉由自然之不言
之教轉化、返歸『自然』，萬有藉由不言之教將自性中之自然顯示出來，而在
本根義上達到返本——『無』。

〔註113〕《論語‧憲問》云：「子貢曰：管仲非仁者與？桓公殺公子糾，不能死，又相
　　　　之。子曰：管仲相桓公，霸諸侯，一匡天下，民到于今受其賜。微管仲，吾
　　　　其被髮左衽矣。豈若匹夫匹婦之爲諒也，自經於溝瀆而莫之知也？」

　　『自然』、『名教』就其為時代性之生存問題而言,是關係東漢時以「名」為考核人品、拔擢人才之依準,顯然有以儒之德名為崇拜之嫌,「名」在時尚中儼然如同宗教。因此在名教之形式僵化中,學之內容、孔老孰聖、「有──無」之辯,成了正始時期哲學探討之主題。就學之內容言,王弼主張儒、道兼融,於精髓上是道家之虛靜無為,並以儒學補足其內容上之坎陷,這也可由其所注之《周易》、《論語》窺見其端倪,二注皆援引道家之精神詮釋儒學典籍;就孔老孰聖之問題,王弼雖明褒孔子之為聖人,但於哲學探究上則推崇老子。《世說新語・文學》曾載:

> 王輔嗣弱冠詣裴徽,徽問曰:夫無者,誠萬物之所資,聖人莫肯致言,而老子申之無已,何邪?弼曰:聖人體無,無又不可以訓,故言必及有。老莊未免於有,恆訓其所不足。

綜括上述二問題〔註114〕,王弼都主張『無』為「有」之本,『名教』之為生存問題必需求助於「自然」,此「自然」並未如竹林七賢曾等同於自然界,而是只在精神上、思辨中的追求,於行為表現上並不拒斥名教中之功名,談風上之辯難則顯一股清流。至於「有──無」之問題,基本上是『名教──自然』之生存問題之轉換的探究。因此關於「自然──名教」之生存性中彼此之關係,筆者已藉由『無──有』之問題作一說明,『無──有』是一總括地說明自然為萬有(名教)之所資,為名教之所本,欲把握名教之真義則必得把握自然之精神,人與萬物也因本根之需求回歸其源始自然,於此也以時代性把握了中國人所關注的「天──人」關係之精髓。「本──末」、「一──多」是從事理、政治層面論述「自然──名教」之關係;「靜──動」則從物理上論述,「道──德」則主要是就人倫、境界上陳述「自然──名教」。

〔註114〕關於「學之內容」與「孔老孰聖」之問題,筆者以為可歸結為儒、道之問題,而儒、道之問題在《晉書・卷49・列傳19》附阮瞻傳中曾載:「(瞻)舉(止)灼然,見司徒王戎,戎問曰:聖人貴名教,老莊明自然,其旨同異?瞻約:將無同。戎咨嗟良久,即命辟之。時人謂之三語掾。」於此可知:儒、道,名教──自然,有──無,三者之為問題有一聯繫。

第四章　在『名教』結構中王弼對「言／象／意」問題的解析

　　在王弼哲學中對於『自然——名教』之結構，我基本上是分就「有——無」與「言／象／意」兩種方向說明。其中「有——無」之探討，主要是針對「有」之根源——『無』而言，說明『自然』所涉及之層域、以及相對於『名教』而言其關係如何，重點則是指出『無』作為「有」之根源的形上建構、『無』作為「有」之事實本源所具有之豐富意涵，以及『無』如何能統攝「有」。至於「言／象／意」問題，可以說是就「言」說明它與作為本源之『意』之關係，重點在於「言」、「象」的建構。換言之，王弼之注《易經》並且著《周易略例》，基本上是將「有——無」之『自然』的原理性下貫於「名教」世界。一方面就名教之立場提出『名教』與『自然』之聯繫，亦即「言」、「象」與『意』之關係；另一方面則提出把握事實本源而於名教世界之處理時的準則，亦即關於「象」之層域的價值指引，若就《易經》而言，即是「象」與卦爻辭之間關係的說明，這樣一種價值指引並不是價值之執著，而是把握領會事實本源之為價值始源後，當一實際狀況之發生，就其客觀情勢而言，導引主體可能之作為的準則之把握，其終極仍在事實本源之把握，但此時之事實本源已轉換為一種價值，此即義理之把握。因此在這一章中我是分就三部份說明：1.「義／理」之確立的可能性，2.「象」之意涵與「義」的把握，3.「言／象／意」的建構方法。

第一節 「義／理」確立的可能性

當『名教』本源於『自然』經過「有／無」之根源性探討確立後,『無』是作為一事實本源而呈現為「有」得以顯示之始源與基礎,但是終究是一導源發生性質的說明;「有」的顯示是一明顯之事實,人不能單就導源的確證與指出而保障其『自然』的呈顯。換言之,始源之指出當有一更積極之意義存在。因此相隨而來之問題即是:『無』之於「有」,如何使得「有」具有返歸『無』之可能,具體而言,事實本源如何能為人指出其所當行之路?或者人是以何種方式確立所把握者為事實本源在人文中之顯示?此亦即「義／理」是如何可能的?關於這一提問,筆者以為可從兩方面尋得究解,一是就「義／理」之所以得以出現的事實狀態而言;另一則是就「義／理」之意涵究竟是什麼,其導向又是如何,說明「義／理」之所以確立的作用與必需性。關於前者筆者以為可就「言、象、意」之解析,說明一種在人文中顯示之方式;至於後者則是指出『意』與「義」之類同,及『意』如何是「物之理」,又是「事之義」。

壹、「言、象、意」的解析

「言、象、意」基本上是王弼在《周易略例・明象》中所提出的哲學思維,一般或是將王弼所言之「得意忘象,得象忘言」當作是一認識論上之命題、或是一文學美學上之命題、或是當作以《老》入《易》之宗旨。的確就其為一命題而言,都有該種可能性,不過在此我是想從另一個方向說明「言、象、意」的問題。換言之,是將王弼所著注之作品視為一哲學理論,並就「自然／名教」之論題視角切入,說明「言、象、意」之處理在其思想中的必需與必然,而不只是一時代因素作用下的偶然。因而在說明時,雖然主要取材於王弼之《周易注》及《周易略例》,但並不侷限於此。是以就此而言,我是分就兩部份解析,一是問題導向之解析,另一則是純就「言、象、意」所涉及之事象解析之。

一、問題導向的解析

西周末春秋之際出現的一個重要哲學問題是:「名／禮」問題之探究,其中《老子》將此一問題之說明導向「道」與「自然」之提出,並將「名」的問題就禮制與物兩方面說明。就前者而言,「名」是一種當時宗法制中身份地位的表徵,它是因著人文機制之設置而出現的人文性符號,它表徵「實」的存在與規

範性；就後者而言，它是有形有狀之物呈現爲人所知的符號，它具有與「實」同一之義。但不論是就禮制談「名」或是就有形有狀之物談「名」，兩者都是「有名」；另外有一種與一般形狀之物有所不同者，即所謂「道之爲物」，它並不是一具象之物，但仍然是實存，因此稱之爲「無名」。依此，「名」是一符號性表徵，表徵著實物，「有名」指向萬物及人文機制中之設置，「無名」則指向「有名」之消除與始源之設定。不論是「有名」、「無名」，《老子》中皆視之爲人文中設置之符號，並將兩者統合同一在「謂之玄」（《老子》第一章）。換言之，是以「謂」之方式指出「有名」、「無名」之同一。「謂」在《老子》中之哲學作用是：有所依循之言說，此一有所依循旨在指向一人文設置之始源，而其言說則在重新確立一人文所當依循之方向，而且正是言說這一種確立之特質，並不能眞正導向『自然』。因此《老子》又提出「正言若反」、「行不言之教」、「希言自然」，將「名」、「謂」之爲「言」，以否定、相反的方式指出『道』的運行，但這畢竟是基於「言」而說。「言」之爲一種思辨結果之顯示方式與『道』之爲實踐之運作的顯示方式並不相同，而《老子》對於此一相異之特質，確實是指出「言」的侷限，並將『道』作爲「言」之始源，但對於「言」與『道』之間的轉換。僅僅是以「言」爲立基點，並藉著否定性之「反」與始源性之「返」說明轉換。基本上這一種方式並不考慮『人』在這兩種方式之顯示中所具有之轉換之可能性，但是「言」與『道』之爲顯示又都因著人主體之參與而顯示其爲「言」與『道』。換言之，『人』之現實性是「言」與『道』之爲顯示之承受者；『人』是此二者共通之底基，對於『人』之說明成爲一種必需，而這是《老子》在指出『自然』、強調『自然』時所沒處理之問題。

　　《莊子》內七篇中曾就人與「言」、「道」之關係作一說明。關於「言」，就其爲一種人文符號表徵而言，莊子仍依循《老子》主張有「名」、「謂」之分，並明確指出「名者實之賓也」〔註1〕，「名」只是一符號表徵，是作爲對於「實」之意指作用，此一意指作用之發生是因爲「實」，而非以『人』爲其考量點。因此「名」的出現是一種對象化之表徵，而所謂「聖人無名」〔註2〕，正是點出了聖人所具有之「眞」人的特質——游心而安排去化，乃入於寥天一〔註3〕，亦即聖人是一不被對象化看待之人。「謂」從〈逍遙游〉與〈齊

〔註 1〕　請參閱《莊子・逍遙遊》。
〔註 2〕　同註1。
〔註 3〕　請參閱《莊子・大宗師》。

物論〉中所出現之資料可以發現：「謂」是相對於「行」而言，「謂」是物之
層面的一種顯示方式；「行」則是「道」的顯現方式，所謂「道行之而成，
物謂之而然」〔註4〕，「行」是指時間中的運作與呈顯，是自然而然，並非『人』
以人文方式之考慮所顯示之運作，『人』此時已隱身為萬物中之一物，「謂」
則是一種人文的運作與表達，是一種「言」〔註5〕。但是此種「言」與「名」
有所不同，「名」是指出可被對象化之實，是可被對象化之實的標誌與區分
所在，「謂」則是從主體出發，是因著某種事實之顯示而有之陳述，或說是
主體以自身之領會而有所言說，此一言說是有所依循但並不知其所以然之言
說。因此此一「謂」是「言」中涉及一非言者（即不可被言者）之「言」，
所謂「彼是莫得其偶，謂之道樞」、「天地與我並生，萬物與我為一；既已為
一矣，且得有言乎？既已謂之一矣，且得無言乎？」〔註6〕「謂」的這種特
殊情況，莊子稱之為「弔詭」。就「言」而說，其為「弔詭」是一不可究詰
之事實，唯一之方式是轉化其為「言」，此即「化聲之相待，若其不相待」〔註
7〕。這種「化」與「若」基本上是對人之「有所知而言」的一種究極性之消
解，此一消解是從「知」之始源——人心——去處理。至於『人』，莊子認
為『人』可分析為形與心，形之所指為人之身體形貌，心則是使形者，人的
一切作為，基本上是「心」之作用。因此欲消解是非、喜怒哀樂、慮歎變慹……
等情態，即在「心出」之為聲為名、為妖為孽的消除〔註8〕，以及「成心」
之為事實的轉化。關於前者莊子提出心齋坐忘之修養方法，關於後者莊子則
指出游心之必要。心齋坐忘是一種消極性地對心之處理，目的在使心之人文
性欲求活動返歸其素樸之狀態，游心則是積極地對心之領會道時之狀態的說
明；而無論是心齋抑或是游心，旨在使人成為時間中運作之自由體，使人在
通過物化後，體認道通為一，萬物與我並生之「忘年忘義，振於無竟，寓諸
無竟」之逍遙。

　　若就「言」與「道」中之承載體——人——而言，莊子基本上所作之轉
化處理與分析，確實比《老子》中對此一轉化有更基礎性之說明，但「言」
與「道」畢竟是兩種不同層域之說明。「言」是屬人之徵象顯示，「道」則是

〔註4〕　請參閱《莊子・齊物論》。
〔註5〕　請參閱《莊子・齊物論》中「既已謂之一，豈得無言乎？」一段。
〔註6〕　兩句引言引自〈齊物論〉。
〔註7〕　請參閱《莊子・齊物論》。
〔註8〕　請參閱《莊子・人間世》。

自本自根、有情有信之顯示,『人』是「道」之顯示之一例示。將這兩種不同立基點之「言」與「道」之轉換置於『人』之分析,事實上是忽略了「道」之自身與人之為「道」之一例示之間的細微分辨,雖然《老子》中已提到「道」與「自然」,但其分辨處並不明顯,這是由於「道」之雙重性使然,《莊子》內七篇中對此一分辨並沒有深入探究。王弼對於此一問題基本上是援引《易經·繫辭傳》中主張「立象盡意,繫辭盡言」之說與《莊子·外物》中「言者所以在意,得意而忘言」之說,他主張「道」基本上是一種言說中被確立之始源,因此仍是一種稱謂,對於不在言中之自身之顯示則是『無』。至於人之領會『無』而有所把握,且有境界之提昇之事,王弼並不像《老子》直接就「言」與「道」之轉化為探究之主題,也不是如同《莊子》般提出對人之分析而說明,而是就「道」為人文始源並為人所可領會之觀點,提出「言、象、意」之探究,基本上此三者都是就人之可能性,說明人主體對於『無』之把握、領會的進程,其中「象」是指圖像性之思維與顯示,『意』則是指對『無』之直覺性領會與顯示,對於此三者之探究,確實指點出人所可為者是屬於以人為立基點之探究。王弼「言、象、意」之探究,相較於《莊子》,他是提出了「象」作為「言」、『意』之轉換的關鍵,若相較於兩漢易學之象數探究,並以「象」即是『意』之盡〔註9〕的說明,王弼則是指出了「象」、『意』之分辨,並指出『意』與『義』之相通,將易學之探討返歸十翼之探究方向,導向義理之確立。而若就王弼之哲學思想而言,「言、象、意」一方面說明了當『人』在『名教』中是一事實存在時,能夠以何種方式提供人重新返歸『自然』之一途徑,並且確保『名教』中義理之正當性。換言之,即此義理是合乎『自然』的。另一方面也補充他在《老子》之著注上的不足,在有關《老子》的著述上,基本上是就『自然』立論,因此主要是就『無』之於「有」而言,是一種始源性之說明,對於「有」之於『無』的名教世界究竟是如何的並未多加說明,「言、象、意」正是說明「有」之世界的狀態。關於這點,王葆玹先生曾說到〔註10〕:

　　「言意之辨」的辯論主題即在於如何對本體進行認識。研究正始玄

〔註 9〕請參閱王葆玹著《正始玄學》,頁 323～324。
〔註10〕請參閱王葆玹著《正始玄學》,頁 316～317。基本上我雖然不贊成作者單從認識角度談「言意之辨」,但其所言關於「言意之辨」在王弼哲學中的重要性與作用則完全贊同。

學的「得本」而不從「言意之辨」入手，收效是不會很大的。

二、「言、象、意」所涉及的事象

「言、象、意」是王弼在《周易略例‧明象》中對於《易經》之探究所提出的主張，他認為整部《周易》可解析為言、象、意三部份。其中「言」是指卦、爻辭；「象」則是指卦、爻符號，及因此而衍生之關係；『意』則是指聖人仰觀天象、俯察地理所得之理趣。關於王弼「言、象、意」三者之理解，朱伯崑先生在《易學哲學史》卷一中曾論述到〔註11〕：

> 王弼於《略例‧明象》中，以取義說，駁斥了漢易中的取象說。此文，從哲學上看，提出了一個基本觀點，即「得意在忘象」。此命題也是以其玄學觀點解釋筮法中的取義說。……就筮法說，言指卦爻辭，象指卦爻象，意指卦爻象和卦爻辭所蘊涵的意義或義理。意有兩層涵意：一是指心意及觀念，及〈繫辭〉所說的「聖人之意」；一是引申為卦象所蘊藏著的義理，及卦義和爻義。

基本上，上述所論及的仍只是就《周易》而言，若就王弼整個哲學思想而言，或許更能清楚「言、象、意」在哲學中所發揮之作用及所涉之事象。首先是關於「言」在王弼哲學思想中之所指：「言」仍然依循著《老子》、《莊子》之主張，它是一種語言符號之表徵，基本上有名、謂、論、議、辯、語等幾種型態，其中「名」是針對『物』而言，其作用在「定彼」，在於說明『物』。因此「名」是『物』之代表，「名」之於『物』在於貞定之作用，其發生則是因著形而有，〈老子指略〉曾說到：

> 凡名生於形，未有形生於名者也。故有此名，必有此形，有此形必有其分。

由於「名」之作用在於貞定，貞定主要是因為彼而有，「彼」是相對於「此」。因此「名」作為物之表徵具有區別之作用不僅區別於它物，也於物之自身的顯示有所選定之表徵，畢竟「名」不是『物』，因此它不是一種物之自身之顯示，而是物之顯示於人文中的一種代表符號。至於其所由來，王弼曾說：「夫名所名者，生於善有所章，而惠有所存。善惡相須，而名分形焉。若夫大愛無私，惠將安在？至美無偏，名將何生？」〔註12〕這正是說明了無論「名」是一物之指稱符號，抑或是一身分地位之表徵符號，「名」於其本質上相較於「實」而言，

〔註11〕請參閱朱伯崑著《易學哲學史》卷一，頁323。
〔註12〕請參閱《論語釋疑‧泰伯》。

即是「不兼」，所謂「名必有所分，……有分則有不兼」〔註13〕也。

「謂」則是一種由主體出發，說明一不能被確定為物之無形者。有時王弼也以「稱」說明「謂」之作用；「稱」、「謂」基本上都是由於主體之欲說明一實存而有之表達方式，所謂「稱謂出乎涉求」、「稱謂不虛出」〔註14〕也。這樣一種表達方式由於是出於主體之涉求，因此相較於該實存者，「稱」、「謂」之為表達作用並不能使該實存自身有一全然之顯現，由「稱」、「謂」而有之符號表徵因而也無法窮盡實存者之顯示，對此王弼認為「稱」、「謂」之特質在於說明其出現是有所從出之根由，既是有所從出，因此就無法真正窮盡，所謂「稱必有所由，……有由則有不盡」、「稱謂則未盡其極」也。〔註15〕

儘管「名」與「稱」、「謂」實際所發生之主要來源不同：「名」基本上強調空間性之指實，因此王弼從「分」、「兼」說明它與「實」之間的關係；「稱」、「謂」則是強調時間性之指實，是以王弼從「由」、「盡」說明它與「實」之間的關係。但是三者確實都具有語言符號表達之功能，也具有指實之意指作用。只是「言」作為語言表達之泛稱，還包括論、議、辯、語四種可能，這四種表達方式所發揮的並不是指實之作用，因此也不是單字似的語言符號之表徵，而是一種關涉符號運用情境的語言表達方式；藉由語言表達方式之不同，其所要指向者雖然也關涉「實」之呈現，但是畢竟不是指實，而是使「實」藉由表達之方式顯現出來。「論」，從文獻資料中我們可以發現在魏晉南北朝時期大抵可有兩種方式出現，一為就其言說之特點而言，此即《文心雕龍‧論說》中所說：「論也者，彌綸群言，而研經一理者也。」「論」基本上是指對於諸所言的一種條理安排，目的在於指陳理趣，此亦即段玉裁注解《說文》時所言：「凡言語尋其理得其宜謂之論」；另一者是就其為一文體而言，「論」在魏晉時同時也是指稱一種文體，其特點是以議論為主〔註16〕。若就王弼思想中之使用而言，確實含括上述兩種意義，但無論是哪一種含意，「論」根本上只是藉著言語之分析、條理化以及語言彼此間之安排指向「實」，所論者並不在於「實」之是非，也不在於言語中確立義理之宜。關

〔註13〕請參閱〈老子指略〉。

〔註14〕同上。

〔註15〕同上。

〔註16〕請參閱三國魏曹丕《典論‧論文》：「夫文本同而末異，蓋奏議宜雅，書論宜理。」在此即指出「論」是一種文體，且此一文體重點在於條理分析性之陳述，而像奏議之為奏摺，重點在於言辭之文雅正式。

於前者是『辯』之作用，至於後者則是『議』之作用。「辯」，在王弼之使用中，是以辯名、辯是非、辯一爻之義等方式運作，雖然它也具有準則確立之要求，但其主要之開展方式既不是在於言辭之鋪陳安排，也不在標舉準則之確立，而在於言論中彼是雙方的辨析、爭持，及互動中浮現的論述修正。依此，王弼所言之「辯」並非單純如同《墨子・經上》：「辯，爭彼也。辯勝，當也。」它還具有讓「義」呈現出來的內涵。「議」，依《廣韻・寘韻》：「議，評也，……擇也。」是一種言說終究有所擇定之表達方式，目的在確立「義」之所在，並以之為儀式、典範，所謂「擬議以成其變化」也〔註17〕。至於「語」，也是一種表達方式，強調主體之言說，並藉此一言說傳達所知，與之相對的則是「不語」而不是「默」，「不語」是一種不傳達所知，「默」雖然與「不語」貌似，但仍有所顯示，此即〈復卦・象傳注〉所言：

> 復者，反本之謂也。天地以本為心者也。凡動息則靜，靜非對動者也；語息則默，默非對語者也。

「言」既然有此諸多展現方式與指實之可能性，因此「言」之所指之範域是指向一不屬於事實本源顯示之自身，但能藉著言說與語言符號表徵指出或呈現事實本源之顯示。因此它與事實本源之顯示之間是一種若即若離之狀態，其「即」在於「言」為發之於「情」者也，王弼在《論語釋疑・憲問》曾云：

> 情發動於中而外形於言，情正實，而後言之不怍。

「情」之所指，事實上關連於萬物之性的顯示，其所強調的不是如同「性」之與『自然』之聯繫，而是說明其在「有」中的展現。就人而言，它不是指情緒，也不是今之所謂情感，而是一種實實在在、自然顯示的屬於人之事實而又尚未發用的感情。這樣一種感情與萬物有其類同處〔註18〕，它是一自然之事實與「偽」有所不同，「偽」之所指為人文性之作用〔註19〕。「言」既發於「情」，因此所言者必然與情之所感相關，而非與『自然』（即『無』也）無關之純粹人心矯作的虛誕。因此「言」在王弼明確指出其在「有」中的作用，即《論語釋疑・陽貨》所言：「夫立言垂教，將以通性」，其中「立言」是一關鍵，王弼基本上是藉由《周易注》與《周易略例》申述其思想理念，

〔註17〕 請參閱《周易略例・明卦適變通爻》。
〔註18〕 〈咸卦・象傳注〉中曾言：「天地萬物之情，見於所感也。凡感之為道，不能感非類者也，故引取女以明同類之義也。同類而不相感應，以其各亢其所處也。」
〔註19〕 請參閱《老子注》第十八章：「故智慧出則大偽生也。」

其中所涉事象涵括「有」之中，可以以言語與作爲語言溝通之文字等表達者，其主旨在闡明統論一卦者以一爻爲主、默爲語之所出、靜爲動之本，這樣一種主旨之闡明，王弼以爲皆由於「象」也。

其次，是關於「象」所涉之事象。「象」一般認爲是指卦爻符號，在漢代易學中其所指還包括自然界之變化，與運行之現象在人文中之象徵意義，此即四時、二十四節氣、七十二侯等天文曆數，但在王弼的說明中，「象」並不是就天文氣象而言，在〈老子指略〉中，「象」是就「形」而言，「形」之特質與物相同皆有所分，但它並不是物，而是一種情狀、一種圖像性的顯示，這種圖像性它可以是一種符號象徵，也可以是事、物在自然中的顯示樣態。此亦即王弼在《乾卦・文言・上九》之注釋中所說：「夫易者，象也。」顯然王弼在說明「象」時，認爲「象」不僅是指卦爻等具有象徵意義之符號，還包括一卦中爻與爻之關係、卦與卦之關係，以及整個六十四卦就是一種圖像性顯示的徵象。此外，就「象」是一種象徵性之顯示而言，其作用不在於指「實」或使「實」有所顯示，而在於藉著一種符號或物象展現『實』，它是一種圖像思維，而不是概念之思維。因此相較於「言」，「象」主要並不在於人文作用，而在於自然之顯示。

再次，是關於『意』所涉之事象。『意』在王弼之思想中基本上具有兩種意義，一是就人之結構而言，另一則即是『自然』。就前者而言，『意』與「心」是人之內在結構中兩種不同機制與發用，「心」在王弼之使用中是指向「知」之發用，其結果在於一種理智之辨析；『意』作爲一種機制與「心」不同，它所展現的是一種神會，而不單是一種體驗，體驗通常是就經驗的一種感受，神會則是以一種領悟之方式所得之美學式把握，它是一種本源渾沌式的領會，在一般情況下它於行爲表現中仍然是有所選擇的。關於「心」與『意』的這種作用，王弼在《老子注・二十章》中曾說到：

> 絕愚之人，心無所別析，意無所美惡，猶然其情不可睹，我頹然若
> 此也。

關於『意』即是『自然』，是就『意』爲『自然』的顯示情狀而言，所謂「自然，其端兆不可得而見也，其意趣不可得而睹也。」〔註20〕『意』作爲自然情狀之一種顯示，基本上其出現而爲人所『意』，不可避免地是與人有所關連的，只是人對於這一種顯示無法有所作爲，純然是一種接受性的領會，正是由於人的這

〔註20〕請參閱《老子注》第十七章。

種可能性，是以聖人能與天地合其德〔註21〕、能知天意者也唯有聖人〔註22〕。

最後，藉由「言、象、意」之解析，我們可以清楚此三者都是人在「有」中的一種展現狀態，也是人對自然的一種把握與表達方式。因此不論是「言」、或「象」、或『意』，都展現雙重意涵，一種是就人自身而言是屬於人的一種機制；而就其為機制之發用而言，又涉及一對象之顯示，而其間之緊密處或相繫點就在於「義」之確立。

貳、「義理」的確立

『意』在王弼思想中既指人的一種機制，也意指該機制發用之神會，就此一被神會之顯示而言，它是『自然』之意趣。因此它即是『自然』般地顯示著，當他被神會之同時，『意』即是「義」般地被確立。這種確立一方面可從王弼常將『意』、「義」、「理」三字訓為同義中知曉，另一方面可藉由其《周易略例・明象》中所言之「言」、「象」、『意』的關係得知。

首先是關於「意」、「義」、「理」。王葆玹先生在《正始玄學》中曾明言：『意』、『義』、「理」三字就「言意之辨」的論題而言，在魏晉南北朝時常可互訓或互換〔註 23〕，並主張正始玄學中的「義理」有兩個層次，即分殊的義理和至極的義理。所謂至極的義理是指至理或太極，分殊的義理是指卦義和爻義〔註 24〕。確實，在王弼之《周易注》、《周易略例》與〈老子指略〉中，我們可以找到資料以資佐證。

1.『意』、「義」之互訓。《周易注》〈乾卦・文言傳注〉中曾云：

> 易者，象也。象之所生，生於義也。有斯義，然後明之以其物。故以龍敘乾，以馬明坤，隨其事義而取象焉。

又，《周易略例・明象》也說到：

> 夫象者，出意者也。言者，明象者也。盡意莫若象，盡象莫若言。……象生於意，故可尋象以觀意。意以象盡，象以言著。……互體不足，遂及卦變；變又不足，推至五行，而義無所取。蓋存象忘意之由也。忘象以求其意，義斯見矣。

〔註21〕請參閱《老子注》第五章。
〔註22〕請參閱《老子注》第七十三章。
〔註23〕請參閱王葆玹著《正始玄學》，頁 318。
〔註24〕請參閱王葆玹著《正始玄學》，頁 320。

就上述兩段資料而言，王弼認為卦爻符號與圖像顯示等之出現，基本上是緣於『意』，『意』是指使圖像顯示所以呈現的始源，但是『意』根本上仍是一種人的神會，它並不具有人與人之間的可視可見之特質。因此也無法被對象化，雖則如此，但是它畢竟是一本源的顯示，所以在人文中它必然被轉化為事理之宜所呈現之價值的確立，此即「義」的出現。『意』與「義」這一種轉化的可能性本質上是建基於『意』的雙重特質，而『意』與「義」之互訓，可藉由此兩者與「象」之關係得知。

　　2.「義理」之為至理。王弼在《周易略例‧明象》中曾提到：

　　　　物無妄然，必由其理。統之有宗，會之有元，故繁而不亂，眾而不惑。

「理」在此是就物而言，其所指是說明物之呈現為一『自然』中之事實，並不是隨意地出現，而是由於「理」，「理」基本上是指條理、文理，此處則特指那能統合涵括「眾」的根本之道，使「眾」匯歸為「一」，《論語釋疑‧里仁》曾說：

　　　　夫事有歸，理有會，故得其歸，事雖殷大，可以一名舉也，總其會，
　　　　理雖博，可以至約窮也。

　　　　溫者不厲，厲者不溫，威者心猛，猛者不威，恭則不安，安者不恭，
　　　　此對反之常名也。若夫溫而能厲，威而不猛，恭而能安，斯不可名
　　　　之理全矣。故至和之調，五味不形，大成之樂，五聲不分，中和備
　　　　質，五材無名也。（《論語釋疑‧述而》）

王弼在此是針對物皆有「名」，「名」之作用在於區別，因此在一種確立中必然形成侷限而偏於一方，「理」則正是偏於一方之全，是涵括整體未分割區別前的始源，此若相較於一般之事項言，它即是那無名之至理。此至理在〈老子指略〉中更是與「義」相當，只不過「理」是就物而言，「義」則是就事而言，所謂「舉夫歸致以明至理，故使觸類而思者，莫不欣其思之所應，以為得其義焉。」〔註25〕正是說明了「理」為物存之實然的整全，「義」為人主體把握『自然』顯示之『意』與「理」而確立的事之宜的價值。此一價值與儒者所言之仁義之「義」有所不同，這是因為前者是以人性為其立基點，後者卻是基於『意』，因此所說之價值自然不同於一般「有」之中所言之價值的執著與確立。

─────────────

〔註25〕請參閱〈老子指略〉。

3. 至於分殊的「義理」，則可以從《周易略例・略例下》以及各卦之注中得知，王弼主張各爻各卦皆有其「義」，一卦中之六爻雖各有「義」，但基本上是以一爻爲主，所謂「觀象以斯，義可見矣。」〔註26〕這樣一種「義」，王弼認爲也與「理」相通，這在其《周易注・解卦》初六爻之象注中曾言：「或有過咎，非理也。義猶理也。」對於這樣一種分殊的「義理」，它與至極的「義理」之間究竟是如何關連，王弼雖然未曾明言，但就他的思想理念中要求執一統眾，以及注解《周易》繫辭傳中之「大衍之數五十」一段中可知，他是藉由數一之爲用，說明物之極及其所由之宗，因此分殊之「義理」與至極之「理」的聯繫就建基於此一理念中。

其次，關於「言」、「象」、『意』的關係。《周易略例・明象》中曾云：

> 夫象者，出意者也。言者，明象者也。盡意莫若象，盡象莫若言。言生於象，故可尋言以觀象；象生於意，故可尋象以觀意。意以象盡，象以言著。故言者所以明象，得象而忘言；象者所以存意，得意而忘象。

「言」、「象」、『意』三者就其爲人之一種機制而言，王弼認爲人是先有『意』之神會，而後有圖像顯示，有圖像顯示而後才能運用語言表達，其中「象」是一關鍵，它是將人所神會的那種無法通傳之特質轉換爲具有可思辨之材料，並肯定這樣的轉換有其類同與信實處，所謂尋而可觀者也。「尋」依《世說新語辭典》所言，是指有所依循根據之探究；「觀」則是指仔細察看〔註27〕；「尋」、「觀」基本上是屬於空間性的一種時間性之操作。因此不是「找」或者是『看』，而是在「找」與「看」當中返歸使之呈現的根源。若就其爲一種顯示或使之顯示而言，王弼同樣肯定三者之間的聯繫，基本上這是依循〈繫辭傳上〉所言「立象以盡意，設卦以盡情僞，繫辭焉以盡其言」之主張，認爲『意』之顯示可由「象」盡之，「象」之展現，可由「言」使之明確，「盡」基本上是一種時間性的究極，或說是一種運作中顯示的獲致，它不屬於純粹思辨性之概念，因此不是認知上之窮極。藉由「言」、「象」、『意』三者間「尋」、「觀」、「盡」之聯繫，「義」、「理」才藉著『意』之爲神會與顯示中的呈現確立爲在「象」與「言」中發揮作用。

〔註26〕請參閱《周易略例・明象》。
〔註27〕請參閱《世說新語辭典》，「尋」，頁 517，「觀」，頁 148。

第二節　「象」的意含與「義」的把握

「象」在王弼哲學思想中是介於『言』、『意』之間作爲一轉換的樞紐，這一種樞紐之特質主要是源自「象」本身所具有之圖像性，其最大特徵在於它兼具時間性之顯示與空間性表達之內涵。因此作爲一徵象，若就《周易》而言是呈現爲六十四經卦與三百八十六爻，其時間性顯示之特質。若就象數易學而言，兩漢已有所發展。若就義理易而言，就在於「時」、「變」之說明，其空間性顯示之特質，則是就其以陰陽二畫之符號所構作之序列而言，其中「位」、「中」、「承」、「乘」、「比」、「應」，都說明爻與爻之間的空間性對待。至於準則性之把握，王弼提出一爻爲主說，將『無』之以一統眾原理運用於「有」之層域，並主張乾坤用形、動息則靜等原理作爲人文之準則。是以在此節中，我將分兩部份說明「象」、一是就「象」之爲一圖像符號自身所具有之時空內涵說明，另一則是就人對此一圖像象徵序列的理解加以闡明，而這兩部份之解釋也說明了「象」之爲『意』之顯示，以及「象」之爲「言」所尋、觀之本源。

壹、「象」之爲一圖像符號所具有之意涵

「象」之爲一圖像符號，在《周易》中表露無遺，其始源是陰陽二符號，其中陽是以「▬▬▬」爲表徵，陰是以「▬▬　▬▬」爲表徵，而整個圖像序列之呈現所具有之意義，史作檉先生在《哲學人類學序說》中曾說到：〔註28〕

> 假如我們果能按照歷史文明之演進方式，將人類之表達，呈現而爲一分析性形式序列之無限系統，這樣不但不會使人類之表達流於獨斷，同時也不會流於徹底懷疑之不定之境，相反地，反而可以從形式表達之無限性上，反證了分析性觀念，與絕對本體存在之必然性。甚至也只有從此三種表達方式之交互作用上，深切底瞭解了六十四卦之所以成型之三種根本內涵：
>
> 一、它是一純本體隱含之系統。
>
> 二、它是以人文性內在兩極觀念爲基礎之表達系統。
>
> 三、它是中國歷史上第一個出現之序列性形式表達系統。

六十四卦之爲「象」，確實如同史作檉先生所言它是純本體隱含於其中之系統，同時也是分析性觀念所以呈現之基礎，而「象」這樣一種特質，如以王弼所使

〔註28〕請參閱史作檉著《哲學人類學序說》，頁 123。

用之哲學語言說明，正是「言」、「象」、『意』三種呈現方式，其中「象」之出現，正是闡明『意』之顯示為一必然，也說明對於人而言純符號表徵之不定性。再者，『意』就其為一始源而言，它是一時間中之顯示；「言」就其為人之語言表達而言，它是一可分析性之呈現；「象」就其為一圖像呈現，它具有可分析性，但就其為一圖像象徵而言，它具有一種不確定性與豐富性，藉著不定與豐富逼現一不執著於符號中的顯示，此若以卦爻之間的關係而言，王弼即是以位、承乘、比應、中、時、變等的呈現說明「象」的哲學意涵。茲分述如下：

1.「位」的說明：

王弼在《周易略例》中有所謂〈辯位〉，他主張「位」是一種所處之位置，其所指可以是身分地位之象徵，可以是人倫尊卑之序，也能夠指一種生存中佔據之空間位置。因此，「位」在王弼思想中具有兩種意義，一是指六爻皆有其「位」之意，此「位」是指一種『自然』之「位」。另一則是王弼依循〈繫辭傳〉中之說明，認為爻「位」基本上是由「▬▬▬」與「▬▬ ▬▬」所構成，因此「位」可有陰陽之分，其中尊者為陽位，卑者為陰位，按照一卦有六爻，所以理當有六「位」，但是事實上六爻中只論二四與三五之「位」，所以不言及初、上之「位」，是說明初、上無所謂定「位」。換言之，「位」在初上之地是說明其終始，這一方面是將陰陽定「位」指向一不定之時間中的呈現，因此以終始之地說明之；另一方面，這種不再以尊卑論其「位」，而六爻又皆有其「位」，旨在說明人文之「位」終歸返於自然之「位」，自然之「位」始終都在承載著人文分別中之「位」。自然之「位」是不定、無分別之「位」，這可從王弼注解〈乾卦·上九·文言〉之「貴而無位」及〈需卦·上六〉之不當位中可知，所謂無位、不當位，基本上是指無所謂陰、陽「位」之分，依此可知陰、陽在王弼之理解中是指向一人文之設置而非一『自然』之呈現。關於王弼這種見解之新意王葆玹先生曾說到：〔註29〕

> 這新說的含義有二：一、終始不分陰陽，有貴無之義。如《穀梁傳疏》卷五引王弼云：「唯不陰不陽，然後為陰陽之宗。……非陰非陽，始得謂之道」，即認為道或無不分陰陽；二、如果初上也分陰陽，便出現陰位在上、陽位在下的情況，與陽尊陰卑的原則不符，王弼說初上「無陰陽定位」，遂成「三、五各在一卦之上」（〈辯位〉）的局面，與陽尊陰卑的原則相合。

〔註29〕請參閱王葆玹著《正始玄學》，頁 293。

對於「位」這種居於『自然』與『名教』之間的轉折，或說『自然／名教』具體呈現於「位」中，尚可以〈乾卦·九四注〉中所言作說明，所謂「夫位以德興，德以位敘，以至德而處盛位，萬物之覩不亦宜乎！」以此可知「位」不單是人文中客觀處境之說明，它還與人文中之「德」互相呼應，藉此相互呼應，而有所謂得「位」、失「位」之說。是以得「位」、失「位」，不僅陰陽爻相關，還關係人倫中「德」之表現，「德」就其爲名教中之表現，它是在關係網絡中的顯示，因此若就其形式關係而言，必然與呈現爲「位」之爻的網絡相關。換言之，還關係到爻與爻之間之「承乘」、「比應」，而有人事中吉凶、逆順之情況發生。

2.「承乘」與「比應」之說明。

關於以「承乘」、「比應」說明爻與爻以及卦與爻之間的關係，此早在〈彖傳〉、〈象傳〉中已有。所謂「應」一般是指初與四、二與五、三與上之間陰陽爻的相呼應，例如初爲陽爻，四爲陰爻，則是有「應」，但王弼在此還以一爻爲主說，說明當一卦中只有一陰爻或一陽爻時，則仍然是有「應」，且此一「應」是體無二分之情況，往往是吉，例如：大有卦與小畜卦皆是一陰而上下皆有「應」之象，雖然大有卦唯一陰爻處於六五之位，仍然是吉，但是若無「應」，即使陽爻處陽位，仍然是有悔，例如：蠱卦之九三，其「應」應爲上六，但卻是上九，因此於行有所小悔。依此可知：王弼之「應」相較於「位」有其優勢，亦即「應」是說明「同志之象」〔註30〕，所謂『同志』，林麗眞女士曾說到：〔註31〕

> 相應固爲兩爻同志之表現，然而同志未必僅指相應而言。只要兩爻或數爻可以和同相與，不論相應與否，比近與否，皆可稱爲「同志」，亦可稱爲「合志」、「得志」、「通其志」或「志在某爻」等。……依此看來，「以同志觀其趨合」，實是一個富有相當彈性的爻變原則。
>
> 王弼認爲：凡兩爻或數爻可以合志相與者，通常可以共相禦難，利於所行才是。

雖然筆者不贊同林女士對「相應」之狹義見解，因爲她所說之「相應」，只是〈彖〉、〈象〉中之所指，而其所謂「和同相與」，就王弼而言，仍是「應」，不過筆者相當贊同林女士所言「這是一個相當富彈性的爻變原則」。換言之，王弼之「應」確實是立於關係中的呈現，它不僅是靜態之位置之說明，更是

〔註30〕 請參閱《周易略例·明卦適變通爻》。
〔註31〕 請參閱林麗眞著《王弼》，頁 104～105。

行爲進退舉止之準則，所謂「觀變動者存乎應」也〔註32〕。「比」則是指相近兩爻之關係，其運用通常是在無「應」時與鄰近之爻之相得與否，是以「比」在王弼注解《周易》中並不常見，至於近而相得者，未必就是吉，還須視個別情況而定，但不相得者則一定是不吉，因爲相鄰近而又不友善，若不戒愼恐懼小心迴避，必然遭受侵害。〔註33〕

至於「承乘」亦指相鄰近之兩爻之關係，但它與「比」有所不同，「比」基本上強調一種支援、助力，著重於解析人在關係中處於該「位」之吉凶禍福；「承乘」則著重於客觀情勢之逆順現象，是說明剛柔之關係，雖也關涉吉凶，但重點在於情勢是否危急或順當。所謂「承」是指在下之爻對其上之爻的關係，「乘」則指在上之爻對其下之爻的關係，當柔承剛，則是順，柔乘剛則逆，剛承柔則逆，剛乘柔則順，基本上這種逆順之情況是本於陽尊陰卑而有之說明。

3.「時變」與「中正」之說明。

關於「中」的重視，早在〈象傳〉中已提出，王弼在〈明象〉中也指出〈象傳〉在解說卦主時，常是以一爻爲主，它包含兩種情況：一是五陽一陰和五陰一陽，另一種則是居尊、居中〔註34〕。關於前者，我在說明「應」時已提出；至於後者，則是補足前者之一種方式，所謂「中」是指二、五兩爻，但是並不特別規定第二爻應爲陰爻、或第五爻應爲陽爻，若第二爻爲陽爻、或第五爻爲陰爻，王弼認爲就其自然情勢仍是居「中」，但不具有「正」，雖則如此，仍是小有吉，因爲有上下之應。例如：履卦九二及大有卦六五。依此，所謂「正」是就第一、三、五爻爲陽位，第二、四、六爻爲陰位而言，陽爻居陽位、陰爻居陰位則爲正，反之則不正，「正」之發揮功效通常是與「中」相聯繫，「正」基本上仍是「位」的一種狀態，說明著居所之特質，所謂「居不失其正，動不失其應」〔註35〕，以及「中則不過，正則不邪」〔註36〕，這些都指明「正」的居所性質。因此在說明瞬息萬變之「有」上，有其限制性，就其常常與「中」一起發揮作用而言，雖然「中」也強調空間性，但它還指向「應」之層面，例如：大有卦之九二與六五，居中而不正，但有其「應」，因此究極仍屬吉；另一方面，「中」之吉凶，也與得「時」與否相關。例如：

〔註32〕請參閱《周易略例‧明卦適變通爻》。
〔註33〕請參閱林麗眞著《王弼》，頁108。
〔註34〕請參閱《周易略例‧明象》及林麗眞著《王弼》，頁95。
〔註35〕請參閱《周易‧泰卦九三注》。
〔註36〕請參閱《周易‧訟卦九五注》。

節卦之九二與九五爻皆居中位，王弼之注解九二爻，則稱其爲「失時之吉」，所以凶。由於「中」的這兩種指向，也說明著「時」的重要性。

關於「時變」，王弼在〈明卦適變通爻〉中曾云：

> 夫卦者，時也；爻者，適時之變者也。夫時有否泰，故用有行藏；卦有小大，故辭有險易。一時之制，可反而用也；一時之吉，可反而凶也。故卦以反對，而爻亦皆變。是故用無常道，事無軌度，動靜屈伸，唯變所適。

基本上王弼仍然部份沿襲著兩漢象數易學對《周易》的理解，這主要是表現在對「時」的觀點，雖然十翼也說明「時中」，但十翼之解「時」並不像漢易之明確、具體化，王弼雖然不贊同漢易那種純然以象數方式解《易》所造成之繁瑣，甚至荒誕，所謂「僞說滋漫，難可紀矣。互體不足，遂及卦變；變又不足，推致五行。一失其原，巧愈彌甚。」〔註37〕但對於「時」之領會，王弼則贊同卦中蘊涵時間性，所謂「卦以存時」〔註38〕也，卦由六爻所組成，爻是顯示「變」。因此可知王弼對「時」基本上肯定其居所之特質，「時」是由爻變所顯示，但是「時」還有其更廣大基礎之顯示，此除了上一章言動靜時所提之恆卦、復卦外，還可從其注解〈損卦·象傳〉辭之「損益盈虛，與時偕行」中得知，他說到：

> 自然之質，各定其分，短者不爲不足，長者不爲有餘，損益將何加焉？非道之常，故必與時偕行也。

雖然王弼並沒有明確說明「時」爲『自然』之一種顯示狀態，但是就文脈而言，所謂「時」其眞正所指是一種順應自然之表徵的顯示，它是一種綿延之表徵。但也因爲是一種表徵，因此體現爲六十四卦時，則各卦皆爲一「時」，而一時與一時之間的綿延、復本，才是『自然』。

貳、「象」所具有之「義」

「象」正如上述表現出「位」、「比應」、「承乘」、「中正」、「時變」等特質，這主要仍是就其「盡意」而言其所立之「象」，但是就在這種「象」的表徵中，王弼也指出了其中所蘊涵之「義理」。此約而言之，可分就因一統眾、乾坤用形、動息則靜三方面說明，並藉著這三方面我們可以清楚地發現王弼之採取義說而非漢代象數學之方式。

〔註37〕請參閱《周易略例·明象》。
〔註38〕請參閱《周易略例·明爻通變》。

　　首先是關於「因一統眾」義。王弼注解《周易》時，曾以「中正」、「應」等方式說明一卦之義，而其中主要理念即是他在〈明象〉中所言之：

> 故六爻相錯，可舉一以明也；剛柔相乘，可立主以定也。是故雜物
> 撰德，辯是與非，則非其中爻不備矣！故自統而尋之，物雖眾，則
> 知可以執一御也；由本以觀之，義雖博，則知可以一名舉也。

王弼主張一卦之義或卦主應當是能總括六爻者，而能統括這眾爻者，理當是六爻中之一爻，而非六爻皆為主。因此決定該是哪一爻時，朱伯崑先生認為王弼主要是依據三種情況決定，一是就爻辭中直接與卦辭相聯繫之一爻，二是就其為居中位之爻，及二五爻，三是就一卦中陰陽爻象之最少者，如五陽一陰或五陰一陽之卦，其中的一陰或一陽爻，即為該卦之主〔註 39〕。雖然王弼這種一爻為主之主張並不能解釋所有的卦〔註 40〕，但卻是其哲學理念之落實，所謂「故取天地之外，以明形骸之內；明侯王孤寡之義，而從道一以宣其始。」〔註 41〕正是說明了「象」之為「義」中就卦爻關係而言的以一統眾之主張。

　　上述這樣一種以一統眾基本上仍是就各卦自身而言，若就卦之所以有六十四卦之整體情況而言，王弼仍然主張因一御眾，這在其大衍義中表達的非常清楚。若說《周易》六十四卦說明著天地萬有，那麼以數言，天地之數五十，由天地之數而有之八卦、六十四卦亦盡在此數中。但這些數以筮法而言，所用者僅四十九，所不用之「一」卻是使四十九之數發揮其用的源始，所謂「不用而用以之通」〔註 42〕，此「一」就《易》而言，即是太極，即是『無』〔註 43〕。由「象」之「一」的這兩種意義，正說明著「象」中蘊藏『意』之「一」，與「言」之「一」，同時也指出象徵作用中所特具之雙重指向之特質。

　　其次是關於「乾坤用形」之義。一般面對六十四卦皆以乾、坤兩卦為其原型，王弼亦不例外，但是在解釋時卻與漢易有所不同，漢象數易學中是將

〔註 39〕請參閱朱伯崑著《易學哲學史》卷一，頁 289～291。
〔註 40〕例如：履卦之主在六三爻，但六三爻辭卻與卦辭相反。請參閱朱伯崑著《易學哲學史》卷一，頁 292。
〔註 41〕請參閱〈老子指略〉。
〔註 42〕請參閱韓康伯注〈繫辭〉中之引言，其原文為：「王弼曰：演天地之數，所賴者五十也。其用四十有九，則其一不用也。不用而用以之通，非數而數以之成，斯易之太極也。四十有九，數之極也。夫無不可以無明，必因於有。故常於有物之極，而必明其所由之宗也。」
〔註 43〕請參閱王曉毅著《中國文化的清流》，頁 219。

乾坤視爲陰陽之氣、天地之物像﹝註44﹞，但是在王弼思想中，並不純然就其爲天地之物像而言，而是就其固有屬性中之剛柔發揮其義爲健順，並將其擴而充之將陰爻視爲柔順之表徵，陽爻視爲剛健之表徵，至於物象僅是乾坤兩卦表徵中的一種，而非「就是」乾坤。換言之，乾坤之爲「象」，並非就其爲天地之形而言，但也不是與天地之形無關，而是使天地之形呈現之所以然，這在其注解乾坤兩卦之〈象傳〉文中可見，所謂「天也者形之名也。健也者用形者也。夫形也者物之累也。」以及「地也者形之名也。坤也者用地者也。」此處之「形」是指具體可指名之物像，而不是象徵義之圖像、形式符號。

　　另一方面乾坤用形之義，還表現在乾健坤順之德上：乾之德爲健，其要義在說明大道之顯明與自強不息之行。因此其爲物首，在於其能將物予以總的涵括。坤之德爲順，其要義在於與剛健爲偶，旨在說明大道承載之德。由乾坤兩卦之德的顯明與承載，或說一立一隱中，表徵了『意』之顯示的豐富性與對立互補之交相迭，同時也指出取義而非用形之象數說。關於這點朱伯崑先生曾說道：﹝註45﹞

　　　　王弼對乾坤二元的解釋，有一個明顯的特點，即不以乾元和坤元爲
　　　　有形之物，而是以至健至順之德性，解釋其始萬物、生萬物的功
　　　　績。……王弼從乾健坤順的取義說出發，排斥取象說，終於將乾坤
　　　　二元看作是天地萬物即自然界的宗主，並以有生於無的玄學理論，
　　　　論證了乾坤二元不是物質性的實體，這樣便將《易傳》中的自然觀
　　　　引向了玄學唯心主義。

基本上我個人相當贊同朱先生對於「乾坤用形」義在王弼易學中所起之主導作用，但是就此而主張乾坤二元爲萬物之宗主，則認爲有待斟酌，因爲乾坤二元畢竟只是「象」，它確實是另外六十二卦之所以出現的始源，但仍然不是終極，這一方面是由於王弼對大衍之數的主張，另一方面則是乾坤是「象」、是二，因此不得謂之爲終極。換言之，王弼是藉由整個六十四卦之爲「象」而顯示出萬有之宗主，「象」永遠只是「象」，只是一顯示之徵象，所謂「象而形者非大象也，……然則，四象不形，則大象無以暢；……四象形而物無所主焉，則大象暢矣。」﹝註46﹞

﹝註44﹞請參閱朱伯崑著《易學哲學史》卷一，頁317。
﹝註45﹞同上。，頁319。
﹝註46﹞請參閱〈老子指略〉。

　　再次是關於「動息則靜」之義。王弼注解《周易》時，從其注文中我們可以發現「動／靜」觀在其中的運作，在《周易注》中大約有二十五卦關乎「動／靜」之問題，而且在體例上王弼以「應」解說爻與爻之間的關係，而在〈明卦適變通爻〉中又說：「物競而獨安靜者，要其終也。故觀變動者，存乎應。」因此我們可以認定「動／靜」爲王弼之「象」中一重要表徵，而其意義有二：

　　一爲就「靜爲動之本根」而言，王弼認爲吉凶悔吝起於「動」〔註47〕，「動」即是指萬有層域中之積極、激進、使之呈現的一股力量或運作，它表現出一種躁與不安，而與此相對的是一種「不動」，「不動」基本上仍是一種基於「動」而運作的方式，只是它呈現一種消極性之力量，即「順」之力量，作用在消除因「動」之積極作用所引至之危害，所謂「未有居眾人之所惡，而爲動者所害；處不競之地，而爲爭者所奪。是以六爻雖有失位、無應、乘剛，而皆無凶咎悔吝者，以謙爲主也。」〔註48〕但是這樣一種謙順，基本上仍然是「動」的方式，這可從王弼注解《老子》第四十章中「反者道之動」得知，「動」與「不動」皆各執持一方，其反皆爲其自身之所無，但也正是在相反中，王弼依循《老子》，主張柔弱之爲剛健之相反義具有「返」之可能，所謂「動皆知其所無，則物通矣。……柔弱同通，不可窮極。」〔註49〕關於這樣一種返本，王弼在《周易》〈復卦・象傳注〉中曾說：

> 復者反本之謂也。天地以本爲心者也。凡動息則靜，靜非對動者也。語息則默，默非對語者也。然則天地雖大富有萬物，雷動風行，運化萬變，寂然至無是其本矣。故動息地中，乃天地之心見也。若其以有爲心，則異類未獲具存矣。

從上面這段話，我個人認爲在此王弼指出了「反」之爲「返」的可能性，因爲相反之雙方是處於同一立足點而被分判之兩方，絕無任何一方可以決定另外之一方之可能。但是就在此，王弼並未在捨離萬有中提出另外的承載底基，而是就消極、不動、不語之一方的特質中指出它就是本根，這主要是這種具柔順特質之消極性呈現本身具有一種容受之空間，並在這種容受性中，王弼指出其爲「義」。換言之，它具有一種指引性，指引萬有從道，所謂「惟以空爲德，然後乃能動作從道。」〔註50〕

〔註47〕請參閱《周易・謙卦上六小象注》。
〔註48〕同上。
〔註49〕請參閱《老子注》第四十章。
〔註50〕請參閱《老子注》第二十一章。

　　二、「靜爲動之本根」所具有之另外一種意義是表現在《易》、《老》互注中，一般皆以爲王弼以《老》注《易》，確實在王弼之《周易注》中處處可見《老子》所言之理，並將〈繫辭傳〉中尊卑、仁義等倫理之特質在始源上作了轉化，但是在《老子》三十八章之注中，我們也找到援《易》注《老》之跡〔註51〕，其注文中所言之：「以復而視，則天地之心見；至日而思之，則先王之至覩也。」正是援引《周易》中〈象〉、〈彖〉之文中的意思加以訓解。這種互援《易》、《老》而注之情況其所表現出之象徵意義，正是王弼哲學中所強調之『名教』本於『自然』，『自然』不離於『名教』之「有」返本於『無』，『無』爲「全有」之最佳註解。

　　總結以上所提出之「象」之三「義」，旨在說明「象」本身就其爲一徵象而言，因『意』而呈現之「義」，並且由於此「義」之確立與爲人所可把握，進一步指向「象」以「言」著之可能及「尋言觀象」的可行性。

第三節　「言／象／意」問題的建構方法

　　「言、象、意」是王弼哲學中由「有」之層域對『無』之把握與領會。就其爲人之三種機制而言，「言」是指人之語言表達，「象」指人之圖像性思維，『意』指人之一種直觀性的領會。若依西方哲學中對於人之認識能力與機制而言，此三者或可相當於語言、想像力、意識等作用，但是畢竟不同，這基本上是關涉中國哲學與西方哲學在面對事實本源時所採取之切入角度不同，因此處理方式上亦有所不同，所關涉之事象也因此顯得相當不同，是以「言、象、意」三者並不能單純地就西方哲學中強調理性之認識作用看待，而且以此一方式處理時，將不可避免地陷入一種不可自拔之混淆與陷阱，其混淆在於「言、象、意」三者不僅僅是人的機制，它們還是機制發用之呈現，而其陷阱也因此而生，即：王弼在〈明象〉中所言之：「言生於象，故可尋言以觀象；象生於意，故可尋象以觀意。意以象盡，象以言著。……得意在忘象，得象在忘言。」換言之，此一陷阱存在於「言」、「象」、『意』三者之關係，既是一種「生」之關係，但在「得」時又得「忘」之，這基本上已經不再是單純地以認識官能之作用所得以究解者，事實上它已經藉用知解之方式將其侷限性指出來，並予以轉化爲一種『意』境之保持與警醒，進而有所謂『用』之施展。依此，在這一節中我是擬

─────────────

〔註51〕請參閱朱伯崑著《易學哲學史》，頁322。

就三部份說明「言／象／意」三者之間就其為人之把握而言的進程、轉化與運作，此三部份是（一）「名／謂」之指向與侷限性，（二）「忘／存」之『意』境上的保持與警醒，（三）『用』之美學性倫理的運作。

壹、「名／謂」之指向與侷限性

「名／謂」在王弼哲學中基本上是屬於「言」的層域，但是「名」與「謂」卻是發揮不同之作用。「名」的作用在於貞定實，實之所指則是有形之物，是一佔據有明確之位置的物，因此它之指稱一物是給予該物一種語言符號之確認，作為一種在我之外之物的代表，因此就其為符號而言，它具有等同於該物之意義，對於這樣一種指稱符號，王弼並不是探究它與該物之間的關係。換言之，並不是作為邏輯中之符號探究，因此並沒有如同西方古典邏輯中對於語言之為符號表達與被表達之物之間關係之探究，也沒有與該物之間符合與否之真假問題出現。「名」就王弼哲學而言，由於物是由『無』而「有」，因此作為物之「名」亦是相較於始源而論述，這樣一種「名」雖也有「真」之問題，但是所謂「真」不是就物而言，而是就物之始源而言，因此只要是「名」就是「失真」，就是「不當」，所謂「名之者，離其真」〔註52〕、「名以定物，理恕必失」〔註53〕，即是說明始源是一不能被「名」者，是一不能被確定為一「有」中之物，這也是王弼批評名家之處。王弼認為名家之於「名」，是太強調「名」與物之間的關係，而將「名」視為一種觀念或概念之語言符號，「名」之作用成為與實之相符性，其意義變成真、假之問題，所謂「睹其定真，則謂之名」〔註54〕，而不再是強調人文與『自然』相對之命名作用。

「名」是一種命名，所謂「名也者，定彼者也。」〔註55〕即是指出「名」之於物的確定以及明顯化，因此所命是有所意指之物，是有所準據，而非任意作為，其準據即是在於物。物是「有」，「有」基本上是非『常』，既然是非『常』，因此就『常』之「全」而言，「名」是在作一種區分，使自身作為一物之指稱語言有別於另一物之指稱語言。就其為區分言，相較於「全」，它是「不兼」。雖則「名」這一種特質，可以指稱「有」中之物，但對於事情之狀

〔註52〕 請參閱〈老子指略〉。
〔註53〕 同上。
〔註54〕 同上。
〔註55〕 同上。

態卻是無法指稱,因為它是一種關係結構的同時展現,並不能就一單純、確定之有形物看待,這種情況王弼以「謂」稱呼。

「謂」之作用確實是以「事」作為我之對象面對而給予之稱號,所謂「稱謂出乎涉求。……稱謂不虛出。」〔註56〕既是由於我之要求而出現之稱號,就有由我而來之片面性。換言之,它是一種觀點的明確,相較於事實本源而言,稱號之所指只說明其為一不可被明確之物,其明確只因我而有,因此稱號並不具有普遍化之特質,也不是究極地貞定被指稱者。其究極基本上是一仍待多方向之稱號讓它更為人所知,更為人清楚它的顯示。關於這點,王弼在〈老子指略〉中曾說到:

> 稱謂則未盡其極。是以謂玄則「玄之又玄」,稱道則「域中有四大」也。

在上述這一段話中,我們可以發現王弼認為「謂」作為一指稱,除了補足「名」的缺乏外,還有一更根本之指稱意義,即指稱不是「有」者,亦即是指稱「有」之源始,就其為一指稱而言,它是「無名」,但這種「無名」是一究極之稱謂,稱之為「玄」、「深」、「遠」、「大」、「微」、「道」、「一」……等等。每一種「稱、謂」都是對於「有」之本源的一種觀點之指稱,所謂「道也者,無之稱也。」〔註57〕但是畢竟「稱、謂」仍然是一種「言」,仍然是有所「稱、謂」,這在王弼註解《老子》第四十二章中曾說到:

> 萬物萬形,其歸一也。何由致一?由於無也。由無乃一,一可謂無?
>
> 以謂之一,豈得無言乎?有言有一,非二如何?有一有二,遂生乎三。

「稱、謂」基本上是一種「言」的方式,因此它與被「稱、謂」之事實本源之間存在著一種不可究解之「弔詭」。換言之,「謂」的最根本之作用是欲指稱一不被「言」所限定之『無』的顯示,但是一當以「稱、謂」之方式說明時,卻是以「言」的方式予以限定。就此而言,「謂」具有兩重作用,一是就「言」中指稱事、物之極限,指向其始源;另一種作用是基於前一種作用而來,亦即:當有所指時,「言」終究有其限制,為免除這種限制,王弼嘗試以無稱之方式說明,此即其所謂『自然』。《老子注》二十五章中有言:

> 道不違自然,乃得其性,法自然也。法自然者,在方而法方,在圓而法圓,於自然無違也。自然者,無稱之言,窮極之辭也。

〔註56〕請參閱〈老子指略〉。
〔註57〕請參閱《論語釋疑‧述而》。

『自然』既是無稱，則顯然『自然』的屬性特質是與「言」有所不同者，此一屬性特質，即是《老子注》第五章中所言：「無為無造」〔註58〕，這是一種人之慧智無所著力處，而自身又是自我顯明地顯示著。對於這樣一種事實本源，王弼深知人之為「有」是相當明確的，但萬物之性及人之性皆為『自然』之例示，因此人只有在返歸中復本，但復本是無法以「言」的方式獲得的，此莊子已指出「心齋」與「游心」的方式，王弼在此亦有類似之方式，但並不是就「心」而言，而是從『意』中肯定一種既「忘」且「存」的領會與體悟。

貳、「忘／存」之『意』境上的保持與警醒

「忘／存」基本上是王弼對於『自然』之把握的一種方式，它與「言」不相同，「言」是一種對於事、物的語言表達，一方面它是使事物明顯、明確的一種區分，另一方面它也被自身之為語言表達所限制，陷入一種無可如何之情況。換言之，「言」的作用是在確立，但被確立者卻是一不能被語言思辨所確立之顯示，對於這樣一種窘境，王弼是從『自然』之屬性特質中時間綿延之顯示與人之生存事實性，指出另一種可把握之方式，此一方式是將「言」的對象化與靜止性轉化為人的一種時間性處理之可能的方式，即轉化為實際作為中的一種呈現，不再視被把握者為一對象，這樣的呈現基本上是一種臨在自身的持續，是歷時性之臨在自身，因此也是一種顯示，只是這是屬於人的顯示，是人文運作中的自然顯示，而且王弼認為唯有藉著屬性特質之相類，才有可能真正領會『無』。關於這樣一種轉折，事實上是根源於王弼對「言」之處理方式遭遇一種陷阱，而將「言」的問題返歸人之事實中加以斟酌而得以轉化，以下則分兩部份說明這種轉化，一是就轉化如何可能之問題導向上說明，另一則是就「忘／存」之『意』境說明。

1. 轉化如何可能之問題導向

就「言」之侷限而言，王弼在《周易略例》中指出：就人的機制與顯示而言，「言」與「無」之間尚有「象」之問題，而對『無』之領會是藉著『意』。「言、象、意」三者之關係，就其為一種始源之顯示而言，「言」生於「象」、「象」生於『意』。但是就其為人之機制而言，則可有兩種不同之情況，一是

三種機制同為人之事實，無所謂先後之「生」的問題；另一則是就其為機制之發用、呈顯於「有」中而言，其通傳性總是先關注「言」，才有可能依著線索尋根究源以及觀其奧妙，所謂「意以象盡，象以言著」〔註59〕，即是說明「言、象、意」在人文中的呈現情況。

問題就在：始源之顯示與人文中之呈現是一種類似悖反之情況，對於這樣一種自然與人文的在深一層次的相反狀態，王弼指出仍然需要回到人的可能性中消解悖反，或說返歸人文中以人的自然性加以融合。換言之，需要一種不執持之意境始能究解，所謂不執持之意境是指對於『無』的領會。『無』在王弼思想中就其為人所可把握者而言，是指向容受性之虛、靜、空，這在《老子注》第六章、十六章與二十一章中曾有所說明，王弼主張人在復歸中其方法是：藉著與其所由來之顯示相類同的方式返歸，其所由來之顯示基本上是一種淵深之「玄牝」，因此與此相類同之方式即是讓『意』保持在虛、靜之狀態領會「虛／靜」，虛靜狀態中之『意』是一種歷時性之自然的顯示，是不能被執著的，但是又要保持在一種領會中，這即是王弼所指出之「忘」與「存」的警醒與保持方式。

2.「忘／存」之『意』境上的保持與警醒

「忘」就其為一種哲學重要語彙，在《莊子》中已提及，它是以「坐忘」表現為心齋之方式，是以「無化」成心的消極方式使「心」重新獲得一種自由，而以無待、逍遙之方式表現為「游心」之狀態。這基本上是就「心」而解，但是王弼對於「心」之主張與莊子有所不同，王弼認為「心」是一種殊己之心，它的作用是區別自身與自身以外之「有」，所謂「心懷智，腹懷食」〔註60〕，說明心是智之發用的機制。因此「心」成了一切欲求與亂之根源，有所「欲」則是一種執持，唯一之方式是消除「心」的這種區別及因此而有之欲求，使之不再是一種被「欲」、被「惑」之狀態。因此王弼以「忘」的方式指出這種可行性。所謂「忘」只是「有」的一種否定操作，是去除心的區別作用，並不是實際「無」掉心，或把「心」給丟了，這於事實基本上就屬不可能發生之事；「忘」既然只能有此一消極作用，而且心之作用又是執持，因此為解決此種難題，王弼並不認為從心之消解即能有渾心之作用發生作為究解，而是以心之作用前之『意』為其究解。『意』是一種意念、領會，是對

〔註59〕請參閱《周易略例‧明象》。
〔註60〕請參閱《老子注》第三章。

於一種無法視之爲對象者的把握，這樣一種發用與「心」之不同在於：『意』
呈現爲一種美感經驗，一種渾沌特質的領會，在此作用中人已經處於一種忘
我之方式，亦即無對立、區別，只是一種融入狀態的所得，所謂「絕愚之人，
心無所別析，意無所美惡，猶然其情不可睹，我頹然若此也。」〔註61〕

　　既然有所得，則是一種以「存」的方式呈現，所存者爲「義」、爲「理」，
所謂「忘象以求其意，義斯見矣。」〔註62〕；再者，「存」必然會有一種執持，
此執持是發生於以「象」與「言」的方式呈現時所具有之必然性。因此所存
者反而被自身所限制了，而失去原先在『意』中所領會之豐富性。這基本上
就出現在『意』之發用與「義」、「理」之爲人之準則確立中的陷阱，是以王
弼提出既「忘」且「存」之看似悖反矛盾之狀態作爲兩者之間的橋樑，此一
橋樑實質上是在於「得」之美感的交互辯證、運作之惚恍。對於這樣一種陷
阱與橋樑，王弼在〈明象〉中曾對這種意境上之美感的警醒與保持說到：

　　　意以象盡，象以言著。……存言者，非得象者也；存象者，非得意
　　　者也。象生於意而存象焉，則所存者乃非其象也；言生於象而存言
　　　焉，則所存者乃非其言也。然則，忘象者，乃得意者也；忘言者乃
　　　得象者也。得意在忘象，得象在忘言。故立象以盡意，而象可忘也；
　　　重畫以盡情，畫可忘也。

參、『用』之美學性倫理的運作

　　『意』與「義／理」之間出現的陷阱，王弼雖然提出意境上之美感性的
領會，但畢竟他並沒有就此往藝術之研究方向上發展，而是回歸到「義／理」
確立之的意義上發展。換言之，仍舊返歸生存事實中價值的發揮作用上發展，
這也就是『用』的問題。

　　『用』在莊子思想中是一重要哲學作用，在《莊子》中，『用』是指向『庸』
的世界，同時也是『通』，亦即也是「道通爲一」之「通」，這樣的一種『用』
一方面說明它是生存事實中倫理層面的實踐，另一方面也發揮實踐之通向
道、萬物與我一體的美感。王弼思想中之『用』，基本上仍本著莊子哲學中之
作用，但與莊子有所不同，莊子在說明『用』時，比較強調心境、態度上的
美感作用，因此雖然指出「寓諸庸」，但其根本之心態必須是無待之逍遙，若

〔註61〕 請參閱《老子注》第二十章。
〔註62〕 請參閱《周易略例‧明象》。

缺乏這種逍遙之心境，則將如同胡適之批判而以爲莊子之寓諸庸的隨世之處事態度爲媚世阿俗之作爲〔註63〕，如此莊子哲學中之精神將消逝殆盡。

在王弼思想中，他毋寧更強調這種美感是一種實踐層面之作爲所展現的，而不僅是由意境上去展現。關於『用』之哲學作用，我是分就三部份說明：首先是一種意境上之領會。『用』在王弼思想中是與「體」相關，「體」之所指有二義，一是就其爲已落入「有」中之物之形、象而言，此時「體」、『用』是蘊涵關係之說明，『用』是指始源之顯示，而且這種顯示之於「體」是一種價值上之必要，所謂「萬物雖貴，以無爲用，不能捨無以爲體也。捨無以爲體，則失其大矣，所謂失道而後德也。」〔註64〕對於這樣一種體用關係，王葆玹先生在正始玄學中曾加以辨明，並認爲這樣一種「體」與隋唐後世之使用「體／用」不同〔註65〕。「體」之另一種意義是指始源，這在王弼思想中處處可見，而且此一意義也與前者相關，因爲『用』是蘊藏於形體之中，但是它也具有本體之意涵，這在《老子注》第二十三章中曾提到：

道以無形無爲成濟萬物，故從事於道者，以無爲爲君，不言爲教，

綿綿若存，而物得其真。與道同體，故曰「同於道」。

「道」之具有本體意涵這是就其相較於「有」中之形體物而言，因此這樣一種『體』雖與形體相關，但是並不就是形體之「體」，而是一種始源之意義，是事實之本源。就此而言，「體／用」是一如之關係，此即湯用彤先生所言之：「玄學主體用一如，用者依眞體而起，故體外無用。體者非於用後別有一體，故亦可言用外無體。」〔註66〕這種即體即用之「體／用」關係，就『用』而言，事實上是備而待用、待行之未爲人所運作的顯示，所謂「以無爲用」，即在『無』之爲本的意涵上指出『無』之爲「虛／靜」狀態中於意境之領會上的顯示，是有所備而未行之『用』。

其次，畢竟『用』之作用在於名教中之發用，對於物象而言，王弼主張這樣一種『用』應該是「因」、「順」之發用。換言之，「因／順」是人之於自然界中對於物之呈現所採取之態度，也是以『無』爲用時，因、順於形體物之就其爲自然之例示與呈現而有之作爲，所謂「因物而用，功自彼成」〔註67〕。

〔註63〕請參閱胡適著《中國古代哲學史》，頁131～132。

〔註64〕請參閱《老子注》第三十八章。

〔註65〕請參閱王葆玹著《正始玄學》，頁275～276。

〔註66〕請參閱湯用彤著《玄學・文化・佛教》，頁64。

〔註67〕請參閱《老子注》第二章。

這一種「因／順」之『用』是與「為」相反對,「為」在此之所指是違反其自然呈現的作為,依此『用』之作用是指向自然之為,而非沒有人為之作為。換言之,『用』所顯示出來的可以是一種「為」,重點在於此一作為並不違反自然,所謂「大巧因自然以成器,不造為異端,故若拙也。」〔註68〕、「明物之性,因之而已,故雖不為,而使之成也。」〔註69〕

第三,『用』之為發用是就人文價值之確立而言,這樣一種『用』即是對於名教本於自然後,對於自然不離名教的重新建立。說其為建立是因為人文中確實存在著因「有」而確立之價值,而『用』之「用其中正」,是在以『無』為本之前提與「因／順」之作為下,重新在人文世界中確立一準則。因此這樣一種準則即是就義理之確立後之人文發用,對於這樣一種『用』,王弼曾就「崇本息末」與「崇本舉末」兩個方向說明。

關於「崇本息末」與「崇本舉末」,學界大致可分兩種意見,一種是林麗真女士所言:「崇」是「不違」、「不失」,「息」是「生、存、全」〔註70〕,因此「息」與「舉」並不相反對,「息末」與「舉末」也無所謂矛盾。此一說法基本上是在指出「本不離末」之特質,但是卻忽略了在《老子注》中第五十七章與五十八章中所言之「息末」義,所謂「夫以道治國,崇本以息末」、「以光鑑其所以迷,不以光照求其隱匿也。所謂明道若昧,此皆崇本以息末。」「息」之義確實在抑止、消除。另外一種意見是以王葆玹先生為代表,他認為「息末」之「息」與「抑」同義〔註71〕,但是他又主張由於「本——末」之義,以及「息末」就在於「崇本」,因此使用「崇本」之處可以「息末」取代,而以「崇本舉末」即是「息末以舉末」,並以此嘗試解消「息／舉」之矛盾,而返歸「本」在「末」中之義。但是這樣仍然沒有解消「息」與「舉」確實是不同的作用,且王先生對於其統合處也未加說明,我認為若有所謂統合,應是基於義理之確立與發用始有可能。因此對於「息末」與「舉末」,個人有不同之意見,茲說明如下:

「崇本息末」與「崇本舉末」基本上是基於『用』而言,不論是「息末」或「舉末」只是一種『用』,「息末」確實如王先生所言是一種「抑止」之作

〔註68〕 請參閱《老子注》第四十五章。
〔註69〕 請參閱《老子注》第四十七章。
〔註70〕 請參閱林麗真著《王弼》,頁 55。
〔註71〕 請參閱王葆玹著《正始玄學》,頁 269。

用，它是一種消除性之『用』，「舉末」則是一種保存末、全末之積極之『用』，在消除與存用之間，乍看是一種悖反，但是實際上卻是說明所謂『用』是一種「以無爲用」，因此『用』在於不執持，所謂「仁德之厚，非用仁之所能也，行義之正，非用義之所成也，禮敬之清，非用禮之所濟也。」〔註72〕這樣一種不執持，就在於因「時」應「變」而有之發用，就『用』這種時變觀，王弼在〈明卦適變通爻〉中曾提到：

> 一時之制，可反而用也；一時之吉，可反而凶也。……是故用無常道，事無軌度，動靜屈伸唯變所適，故名其卦，則吉凶從其類；存其時，則動靜應其用。

就『用』這種特質，我們將發現這樣的一種作用，正是符合王弼思想中所欲確立之義理準則，而避免了一般對義理之認定，以爲義理在於仁義，但王弼卻不這麼認定，而是以『無』、『自然』爲其義理確立之始源，『用』在此因而不僅是名教中的發用，更是自然於名教中之顯示。『用』與『無』及『自然』相通，因此是一種美學性之倫理運作，說其爲一種美學性，主要是就其與始源之聯繫而言，而所以不是形上學的，主要是在於它是一種實踐與時間中的顯示。

〔註72〕請參閱《老子注》第三十八章。

第五章 結 論

　　經過『自然──名教』之生存困局轉換爲哲學問題之導源與王弼對此一問題之探析後，我們將可發現：『自然──名教』的事實呈現，確實影響著人的生活與思辨，同時也顯示了中國人特殊的思辨型態，這種特殊性表現在中國哲學之強調人、強調生活現實以及人如何在生活現實中尋求出路以求得和諧。這種重視生存現實的特質，卻同時使人陷入一種膠著不堪之局面，因爲人不只是身體的存在，而且也是精神理想的追求者。因此如何在這種既接受時代性之生存事實，又追求身體存在之精神超越，或甚而指出理想性作爲生存現實之指引價值，就成了先哲們努力的方向。在這一章中我主要是分幾部份說明王弼在『自然──名教』問題上的難題，以及其帶給今日面臨西方哲學之事實性衝擊中的我們，可以繼續研究與思索之方向。這幾部份是：壹、王弼思想中的主張與難題，主要是說明王弼對『自然──名教』之主張，在當時代具有何種意義及其思想中的問題，貳、就『自然──名教』在中國哲學思想中有何發展作一簡略說明；參、就當代面對西方哲學之衝擊，與中國人所重視之生存難題，我對於價值指引的再思索與研究的可能方向。

壹、王弼思想中對於『自然──名教』之主張與難題

　　就『有──無』與『言／象／意』問題之解析中，我們可以發現王弼對於『自然──名教』這一生存事實採取『名教』源生於『自然』，並且可由對於『自然』之領會中，重新建立一生存中可爲指引之價值。換言之，『自然』是在『名教』中可有所施展者。關於這樣的雙向建構，主要是源於他對『無』或說『自然』之爲事實本源之理解，並非如同當時之阮籍、嵇康採取一徹底

決裂之方式，而是依循一種溫和之方式，這種溫和之方式可從兩方面看出：
首先是就其政治活動中的表現而言，王弼是處於正始改制之時，正始之主要
政治理念是「追蹤上古」、「參跡三皇」並兼法五帝〔註1〕，這種理念作爲爲政
改制之精神而言，基本上是想跨越三代之爲『名教』之開始，爲『名教』之
建立重新尋求始源依據，這在學術思想中的影響是鼓勵『自然』之探索，將
人文中之設施導源到原始時期，認爲眞正之人文是一種回歸原始。但王弼個
人除了出身世家外，對於功名也採順隨之態度，這在《魏志·鍾會傳注》中
所引之何劭《王弼傳》即曾說到：「弼通儻不治高名」，而對於何晏議用王弼
爲黃門侍郎一事，則是「弼在臺既淺，事功亦雅非所長，亦不留意焉。」其
次可從王弼主張聖人有情中看出：王弼主張貴無，與何晏同，但是何晏認爲
聖人無情，王弼卻認爲『無』是「全有」，聖人之『無』情，必非就其與「有」
相對而言，因爲『無』從不與「有」相反對立。因此『無』也是「有」，『無』
存於「有」中，『無』只是無掉偏有之蔽——應物而累於物。

　　雖然王弼主張『名教』本於『自然』，『自然』當施行於『名教』中，但是
其『自然』之事實卻是以『無』涵括，因此在一般人理解中，就是一個困難，
裴頠就曾著〈崇有論〉反對王衍追隨何晏、王弼高唱「貴無」〔註2〕，但這已
是王弼之後的事了。若就王弼哲學思想的論述本身而言，確實也有其不一致之
處，這大致有幾點：首先是關於「太極之一」，王弼論述大衍義時，主張演天地
之數五十，其一不用爲太極，以其不用，所以四十九之數得以參與揲著衍出六
七八九之數，但是「一」畢竟是五十之數中的「一」，而不就是五十，因此「一」
與四十九確實是兩列之數，「一」與四十九之間的關係，雖然王弼確實想以
『用』、『體』詮釋，但『用』與「體」在五十之數中確實是有分別的，並不
能有「即體即用」，「體用一如」之效，這不但受到後來之程朱易學與王夫之
的批評〔註3〕，而且也與其《老子注》中所言：「將欲全有必反於無」有所不
同，兩者確實存在著差異。其次是關於陰陽爻位之自然義，王弼主張初上爻無
位，但在說明「應」時，又將初、四及三、上爻之間有所謂「應位」，關於這一
差異處，程頤採取擯棄無位說。再其次是就王弼對「自然——名教」之主張而
言，『無』之爲『自然』是一顯示，是時間中的綿延，因此先以「言」的方式指

〔註1〕 請參閱王葆玹著《正始玄學》，頁85～86。
〔註2〕 請參閱《晉書·卷43，列傳13》王衍傳。
〔註3〕 請參閱朱伯崑著《易學哲學史》，頁328～333。

出其不可處理之「弔詭」，而最後又以「忘——存」之『用』的方式確立「言」，是否真能免除因「言」而有之「弔詭」，確實有其困難，或許直接就是以『用』的方式確立『用』可免除困難，但這基本上對我而言，仍是有待斟酌與深入研究的。最後，王弼在『自然——名教』之論述中，對於人為自然之一例示中，人之「欲」並未加以發揮，而這是『名教』中「邪」之所以生的癥結。

貳、『自然——名教』在中國哲學中的發展

　　『自然——名教』是人在生存中必然面臨之境遇，亦即：人之事實就在：人有所以呈現的『自然』，但人也是一社會的存在，因此就有人文之創造，那麼如何解決可能因此而衍生之悖謬，一直是先哲所努力之處，只是在各個時代以不同之哲學問題為其轉換，譬如宋明理學中「天理——人欲」就是一重要哲學問題，而其方式即是針對魏晉未多加處理「欲」、「靜與敬」等問題發揮；而在清代則是以樸學之方式展現其對「理」之問題的處理，就戴震而言，「理」只是一客觀事物之理，而不是綱常名教中之理，因此不能以不符合綱常名教，即是不合「理」，甚至使人不敢違理，因此也不敢違反名教，而有所謂「以理殺人」之譏評〔註4〕。

　　若就生存事實而言，清末至今是第三次的『自然——名教』之辨，這主要是因為政治環境歷經最大一次的變革，人文所構成之互動因子也處於劇烈變動，處在這一變革中，歷史與學術發展史中的意義都呈現在當代，先秦、魏晉時對『自然——名教』之思辨說明了中國傳統中對於經過轉化後之哲學問題的處理方式，但是傳統仍有其當代性。換言之，傳統中對問題之提出與處理仍是侷限於其當時代之特質，決不能將傳統與現代混同為一。當代是一傳統與現代的整合呈現，而現代又是怎樣的情勢呢？如何在把握傳統與現代之特質中展現當代呢？這在五四時期是一激辯，科學與傳統文化之保留與否處於爭辯中，民國時五十、六十年代則是傳統如何創造轉化之論辯，於今日則是中國文化如何現代化之辯。在哲學方式之處理上，則是中國文化思想在哲學上的轉化，這種轉化對於其處理方式之指向性，至今仍是持續思考中，究竟是將西方某一哲學理論直接運用於中國哲學之處理？或是將西方哲學史中的哲學論題模式套進中國哲學？抑或是參照西方哲學之分析特質與導源方式對中國哲學進行思辨的轉

────────────

〔註4〕　請參閱馮友蘭著《中國哲學史新編》（六），頁37～49。

化？這些都是中國哲學面對西方哲學之事實必然遭遇的對話性思考，這些個人以為仍在持續對話中，其導向將是如何仍在持續觀察與思辨、研究中。

參、價值指引之再思索

面對西方哲學之衝擊，這是一已存在之事實，而且我們已經生活在這個事實中，參照是一必然，問題癥結是在該如何參照而有所轉化？當尋求參照點時，在西方哲學之源——希臘哲學中，我們可以發現在海德格對「存有」（Being）重新尋求其被遺忘之始源時，找到「是」的詞根有兩個，一是「es」，是「依靠自己之力而能運動、生活和存在」，它是自然而然地存在、呈現在那裡，另一是「bheu」，在希臘文中是「φύω」，亦即「phyo」，後來演變成「physis」（□υ□ıs），是指「本性上就有力量成為如此如此的東西」，即指「自然」、「本性」〔註5〕「physis」在海德格的哲學探討中是與「aletheia」相關〔註6〕，而在古代希臘哲學的發展中也歷經三個階段，「1. 自然而然的，和人工製造的相對應，2. 本性使然的，和人為約定的相對應；3. 自然界的和社會共同體的相對應．」〔註7〕在當時代經由第一階段『自然』之義，當人類打破氏族界限，組成 kome（村莊）和 polis（城邦）以後，physis 才與 nomos 對立，nomo 指「人們在社會共同體中形成的風俗習慣」〔註8〕，其真正對立是在希波戰爭之後，而這種「physis」與 nomos 之爭論也促進了蘇格拉底、柏拉圖時代關於宗教、倫理和國家學說的發展。」〔註9〕

當發現到西方哲學中此一參照點時，除了知道西方哲學中『自然』在其哲學發展中之重要作用外，海德格之導源式的探討也帶給我們一種啟蒙與引領作用，讓我們重新在面對中國哲學時，具有一更廣闊之心靈以及更具深度思辨之可能。另外希臘時期中對於 physis 與 nomos 之爭辯，除了瞭解其時代因素外，或許也可以讓我們重新思考這一哲學探討在西方哲學中所具有之意義與作用，及作為一參照點，當我們重新審思『自然——名教』之問題時，究竟能夠以哪一種方式處理為其可能之指引，這也是筆者在未來之研究中所欲努力與研究、思索之方向。

〔註5〕有關希臘哲學史這一段話，請參閱汪子嵩等著《希臘哲學史》（一），頁610。
〔註6〕同上。，頁642。
〔註7〕請參閱汪子嵩等著《希臘哲學史》（二），頁203。
〔註8〕同上。，頁204。
〔註9〕同上。，頁244。

參考書目

一、王弼原著與專書（書名　著譯者　出版地　出版時間及版次）

1.《老子周易王弼注校釋》，樓宇烈校釋，華正書局，民國 70 年出版。

2.《老子微旨例略》，王弼注總輯，王志銘編，東昇出版，民國 69 年出版。

3.《老子王注校正》，波多野太郎校注。

二、相關元典（書名　著譯者　出版地　出版時間）

1.《書經集註》，新陸書局，民國 67 年版。

2.《國語》，里仁書局，民國 70 年版。

3.《詩經今註》，上海古籍出版社，1982 年版。

4.《左傳》，漢京出版社。

5.《老子校釋》，朱謙之著，中華書局，1991 年版。

6.《莊子今註今譯》，陳鼓應註譯，臺灣商務印書館，民國 74 年版。

7.《中華儒學通典》，吳楓、宋一夫主編，1992 年版。

8.《論語集釋》，程樹德著，中華書局，1990 年版。

9.《管子今註今譯》，李勉註譯，臺灣商務印書館，民國 77 年版。

10.《易緯》，三才書局，民國 67 年版。

11.《春秋繁露義證》，蘇輿著，中華書局，1992 年版。

12.《論衡》，王充，中華書局，1979 年版。

13.《人物志譯注》，柏原譯註，湖南科學技術出版社，1990 年版。

14.《十三經索引》，（電腦磁片），嶺月軟體開發中心，1993 年版。

15.《先秦諸子索引》，（電腦磁片），嶺月軟體開發中心，1994 年版。

三、一般參考書（書名　著譯者　出版地　出版時間）

1. 《自然與名教》，丘為君著，木鐸出版社，民國 70 年版。
2. 《才性與玄理》，牟宗三著，臺灣學生書局，民國 67 年版。
3. 《郭象與魏晉玄學》，湯一介著，谷風出版，民國 67 年版。
4. 《正始玄學》，王葆玹著，齊魯書社，1987 年 9 月初版。
5. 《王弼》，林麗真著，東大出版社，民國 77 年 7 版。
6. 《何晏與王弼玄學新探》，余敦康著，齊魯書社，1991 年版。
7. 《魏晉玄學探微》，趙書廉著，河南人民出版社，1992 年版。
8. 《魏晉思想》，甲編五種，里仁出版社，民國 73 年版。
9. 《魏晉南北朝史論稿》，楊耀坤著，成都出版社，1993 年版。
10. 《魏晉玄學史》，許抗生著，陝西師範大學，1989 年版。
11. 《魏晉玄談》，孔繁著，遼寧教育出版社，1992 年版。
12. 《玄學與魏晉人士心態》，羅宗強，浙江人民出版社，1991 年版。
13. 《易學哲學史》，朱伯崑著，北京大學出版社，1986 年版。
14. 《哲學人類學序說》，史作檉著，仰哲出版社，民國 77 年版。
15. 《中國文化的清流》，王曉毅著，中國社會科學出版社，1991 年版。
16. 《魏晉清談》，唐翼民著，東大出版社，民國 81 年版。
17. 《魏晉南北朝哲學思想研究概論》，許抗生著，天津教育出版社，1991 年初版。
18. 《三國兩晉玄佛道簡論》，許抗生著，齊魯書社，1991 年初版。
19. 《理學・佛學・玄學》，湯用彤著，北京大學出版社，1991 年初版。
20. 《魏晉三大思潮論稿》，田文棠著，陝西人民出版社，1988 年初版。
21. 《魏晉南北朝札記》，周一良著，中華書局，1985 年初版。
22. 《魏晉南北朝文學與思想學術研討會論文集》，文史哲出版社，民國 80 年初版。
23. 《王弼老學之研究》，高齡芬著，文津出版社，民國 81 年版。
24. 《孔子家語》，王肅編著，中州古籍出版社，1991 年版。
25. 《論語新解》，謝席珍著，蘭州大學出版社，1993 年版。
26. 《國故新知：中國傳統文化的再詮釋》，湯一介編，北京大學出版社，1993 年版。
27. 《仁・人道》，馬振鐸著，中國社會出版社，1993 年版。
28. 《老子通》，古棣、周英著，吉林人民出版社，1991 年版。
29. 《道家思想史綱》，黃釗主編，湖南師範大學出版社，1991 年版。

30.《道教通論——兼論道家學說》，牟宗鑒等主編，齊魯書社，1991 年版。

31.《戰國時期的黃老思想》，陳麗桂著，聯經出版社，民國 80 年初版。

32.《先秦孝道研究》，康學偉著，文津出版社，民國 81 年版。

33.《中國古代崇古敬天思想》，王祥齡著，臺灣學生書局，民國 81 年版。

34.《兩漢思想史》，徐復觀著，臺灣學生出版社，民國 82 年初版。

35.《中國思想史——兩漢南北朝篇》，羅光著，臺灣學生書局，民國 67 年版。

36.《白話史記》，聯經出版社，民國 79 年版。

37.《觀堂集林》，王國維著，中華書局。

38.《中國哲學史新編》，馮友蘭著，藍燈文化，民國 80 年初版。

39.《中國思想通史》，侯外廬著，人民出版社，1957 年版。

40.《中國儒學史》，趙吉惠等主編，中州古籍出版社，1991 年版。

41.《中國思想史》，張豈之主編，西北大學出版社，1989 年版。

42.《中國哲學史——附補篇》，馮友蘭著，藍燈文化。

43.《中國古代哲學史》，胡適著，臺灣商務印書館，民國 75 年版。

44.《中國思想史》，韋政通著，水牛出版社，民國 77 年版。

45.《中國哲學發展史——先秦》，任繼愈著，人民出版社，1988 年版。

46.《中國哲學發展史——秦漢》，任繼愈著，人民出版社。

47.《中國哲學發展史——魏晉》，任繼愈著，人民出版社。

48.《中國古代哲學史新編綱要——從一多關係研究傳統哲學》，馬序著，蘭州大學。

49.《道家文化研究》（一～四），陳鼓應編，上海古籍出版社，1992～1994 年版。

50.《中國文明史——先秦時期》，地球出版社，民國 80 年版。

（三冊）

51.《原始中國》，地球出版社，民國 80 年版。

52.《中國哲學原論——導論篇》，唐君毅著，臺灣學生書局，民國 75 年版。

53.《中國人性論史——先秦篇》，徐復觀著，臺灣商務印書館，民國 67 年版。

54.《中國奴隸社會史》，金景芳著，上海人民出版社，1983 年版。

55.《夏商史稿》，孫淼著，文物出版社，1987 年版。

56.《殷墟卜辭綜述》，陳夢家著，中華書局，1992 年版。

57.《西周史論文集》，陝西人民教育出版社，1993 年版。

58.《殷商社會生活史》，李民主編，河南人民出版社，1993 年版。

59.《中國古代政治思想史》，劉澤華著，南開大學出版社，1992 年版。

60.《古代社會》，路易斯‧亨利‧摩爾根，臺灣商務印書館。

61.《中國玉器時代》，山西人民出版社，1991 年版。

62.《國語譯注辨析》，董立章著，暨南大學出版社，1993 年版。

63.《三禮辭典》，錢玄、錢興奇編著，江蘇古籍出版社，1992 年版。

64.《先秦禮制研究》，陳戌國著，湖南教育出版社，1991 年版。

65.《中國家族制度史》，徐錫杰著，人民出版社，1992 年版。

66.《先秦石鼓存詩考》，張光遠著，中華大典編印會，民國 55 年版。

67.《東周與秦代文明》，李學勤著，文物出版社，1991 年版。

68.《士人與社會——秦漢魏晉南北朝》，劉澤華著，天津人民出版社，1992 年版。

69.《中國知識階層史論（古代篇）》，余英時著，聯經出版公司，民國 78 年。

70.《士與中國文化》，余英時著，上海人民出版社，1987 年版。

71.《中國古典哲學概念範疇論集》，張岱年著，中國社科，1989 年版。

72.《中國邏輯思想史料分析》，汪奠基編，仰哲出版。

73.《中國邏輯史（先秦）》，孫中原著，中國人民出大學，1987 年版。

74.《中國古代邏輯史》，馮契著，上海人民。

75.《中國哲學邏輯結構論》，張立文著，中國社會科學出版社，1989 年版。

76.《中國家族制度史》，徐揚杰著，人民出版社，1992 年版。

77.《中國人的名字別號》，吉常宏著，臺灣商務印書館，1994 年版。

78.《中國邏輯史資料選（先秦卷）》，甘肅人民出版社，1991 年版。

79.《中國中古邏輯史》，溫公頤著，上海人民出版社，1991 年版。

80.《中國古代哲學問題發展史》，方立天著，中華書局，1990 年版。

81.《中國宗教史》，王友三主編，齊魯書社，1991 年版。

82.《商周甲骨文字讀本》，劉翔等編著，語文出版社，1991 年版。

83.《殷墟甲骨文引論》，馬如森著，東北師範，1993 年版。

84.《薇隬甲骨文字》，馬薇隬著，文史哲出版社，民國 80 年再版。

85.《甲骨文集釋》，李孝定著。

86.《語言之起源》，湯炳正著，貫雅文化事業，民國 79 年版。

87.《中外形上學比較》，李震著，中央文物供應社，民國 71 年版。

88.《人與上帝——中西文神主義控討》，李震著，輔仁大學出版社，民國 79 年。

89.《THE EVENT OF WEST AND EAST：A DIALOGUE BETWEEN HEIDEGGER AND LAOTZU》，丁原植著，仰哲出版社。

90.《老莊哲學中「有」、「無」問題之研究》，丁原植著，輔大哲學博士論文。

91.《生命存在與心靈境界》，唐君毅著，臺灣學生書局。

92.《中國文化史稿》，劉蕙孫著，文化藝術出版社，1988 年版。

93.《易學大辭典》，張其成主編，華夏出版社，1992 年版。

94.《世說新語詞典》，張永言主編，四川人民出版社，1992 年版。

95.《漢語大字典》，湖北辭書出版社，1993 年版。

96.《古代漢語》，王力著，藍燈出版，民國 78 年版。

97.《希臘哲學史（一）》，汪子嵩等著，人民出版社，1988 年版。

98.《希臘哲學史（二）》，汪子嵩等著，人民出版社，1993 年版。

附錄一：《經法》中「形──名」[※]
思想探源

提　要

　　《經法》是 1973 年長沙馬王堆漢墓發現的黃老帛書之一，今被認為是《黃帝四經》中的一篇。

　　本文主要探討《經法》中的『形──名』思想。『形──名』在戰國時期是一重要的學術論題，因此對這一論題追溯其思想上的重要性，及其相應衍生的哲學安置，是本文的重點。譬如：在探源中發現『形──名』的出現是相應於『禮──樂』制度所面臨的崩潰，因著『形──名』而出現『天當』、『法』的哲學安置。

　　本文另一重點為：思想探源中，所不可避免的地域文化特色。《經法》中『形──名』與天文度數密切相關，這與齊地文化中關注天文曆數的傳統有關，換言之，《經法》之『形──名』思想在探源中顯現出齊國地域文化色彩。

關鍵詞：形──名（xing-ming）；天當（correspondence to Heaven）；度（measure）
　　　　法（Law）；物（thing）

────────────
※本文曾刊載於《哲學與文化》第 25 卷第 1 期（1988 年 1 月），頁 27～37。

　　『形』（刑）與『名』自春秋末期以來，一直是諸子所關注的焦點，這一方面是當時禮制下的宗法制度受到衝擊所衍生的名號問題（因為禮制的破壞，『名』本身作為禮制形式的維護準則受到質疑），一方面也是因著當時刑罰的公佈，衝擊著禮作為賞罰的依據，另一方面是當時社會生產力的改變，以及接受知識的成員不再是貴族所致。因此，『形——名』在新思潮的發生期，就必須有不同於西周宗法制下的『形——名』觀。這樣一種思潮背景所討論的『形——名』，從周文的維護而言，基本上是從倫理、政治上著眼而提出一套行為依準，譬如孔子的『正名說』；但是若從社會變革的角度著眼，則是相應於『物』或『道——物』之關係，強調有一種認識論上、或人文規劃上的說明，譬如《荀子》、《老子》。而《經法》中所談的『形——名』，則呼應著時代與齊地域的色彩，將『形——名』的問題，以人文規劃上的說明回應到人倫、事務等的處理，主要是想建立『道』與『法』之間的聯繫，因而提出『天當』。因此，『形——名』問題在《經法》中的研究，我是分兩方向說明，一個是指出『形——名』分析中所具有的地域色彩，另一個是指出『形——名』在《經法》中所關係到的整體性問題。換言之，『形——名』為什麼是一個當時思想潮流中急欲辨明與確立的焦點，它到底是處理或關係著什麼樣的價值？這些都是本文所嘗試的重點。

一、『形——名』與齊學

　　《經法》是否為齊國人的作品，學界早已有所爭論，大致可以分為幾種說法，一為鄭國人的作品，以唐蘭為代表；一為楚國說，以龍晦、余明光為代表；一為越國說，以王博為代表；一為齊國稷下學者匯編的作品，以魏啟鵬、陳鼓應為代表。在這裡我並不是要論證《經法》就是齊國人的作品，但從書中所談的『形——名』問題與《管子》、《六韜》的關係，可以發現《經法》與齊學之間確實具有相當密切的關係。

　　蒙文通在《經學導言》中曾指出齊學、魯學、晉學的區別在於禮制的不同，禮制具體的展現在治國的制度與法教。以齊學而言，它與齊國的地域有相當密切的關聯，二者雖不完全等同的意義，但是齊學的特色脫離不了齊國的典章制度、習俗等傳統。因此談論『形——名』與齊學的關係時，主要是針對齊國的地域所產生的學術特點論述。

（一）『因其俗』的意義

齊國自太公受封於齊營丘，五月而報政於周公〔註1〕，及《史記·齊太公世家》所述，可以發現太公治齊的特色，在於「因其俗，簡其禮」、「尊賢先疏後親，先義後仁「〔註2〕。所簡之禮是指君臣之禮，所從之俗，是其所在地爲東夷之地，爲殷遺族與舊方國林立之地。因此在太公治國初期自然面臨威脅與與衝突等危機，尊賢尚功〔註3〕的政策在順應俗爲的同時，也確立它與周文以『德』爲中心的不同，同時由於地理環境的因素，太公非常強調通工商之業，便魚鹽之利。《史記·貨殖列傳》對當時齊國的經濟社會加以描述：

> 故太公望封於營丘，地潟鹵，人民寡，於是太公勸其女工，極技巧，通漁鹽，則人物歸之，繦至而輻輳。故齊冠帶衣履天下，海岱之間斂袂往歸之。

春秋時期管仲任桓公相時也施行了一些改革措施，而他的起始點與太公一致，即強調『因俗』，《史記·管晏列傳》曾載：

> 管仲既任齊相，以區區之齊在海濱，通貨積財，富國強兵，與俗同好惡。……俗之所欲，因而予之；俗之所惡，因而去之。

『因俗』的同時，管仲桓公對談富國強兵之策時，也提出「參其國伍其鄙」，「定民之居」，對於土地實行「相地而衰徵」，而對於鹽鐵，則實行「官山海」之舉，對內政、外交、行政、軍事、賦稅等問題，切實作了不同於周王室的政策。齊國這種『因俗』而又同時進行改革的特點，也表現在齊學的諸子作品中，譬如《管子·正世》：

> 古之欲正世調天下者，必先觀國政，料事務，察民俗，本治亂之所

〔註1〕 《史記·魯周公世家》：周公卒，子伯禽固已前受封，是爲魯公。魯公伯禽之初受封之魯，三年而後報政周公。周公曰：「何遲也？」伯禽曰：「變其俗，革其禮，喪三年然後除之，故遲。」太公亦封於齊，五月而報政周公。周公曰：「何疾也？」曰：「吾簡其君臣禮，從其俗爲也。」及後聞伯禽報政遲，乃歎曰：「嗚呼，魯後世其北面事齊矣！夫政不簡不易，民不有近；平易近民，民必歸之。」

〔註2〕 《說苑·政理》：伯禽與太公俱受封而各之國。三年，太公來朝，周公問曰：「何治之疾也？」對曰：「尊賢，先疏后親，先義后仁也，此霸者之跡也。」周公曰：「太公之澤及五世。」五年，伯禽來朝，周公問曰：「何治之難？」對曰：「親親，先内后外，先仁后義也，此王者之跡也。」周公曰：「魯之澤及十世。」故魯有王跡者，仁厚也；齊有霸跡者，武政也；齊之所以不如魯也，太公之賢不如伯禽也。

〔註3〕 《漢書·地理志》：「初太公治齊，修道術，尊賢能，賞有功。」

生,知得失之所在,然後從事故法可立而治而行。

《管子‧八觀》:

　　入州里,觀習俗,聽民之所以化其上者,而治亂之國可知也。

《晏子春秋‧內篇問上第三》:

　　古者百里而而異習,千里而殊俗,故明王修道,一民同俗,上以愛
　　民爲法,下以相親爲義,是以天下不相遺,此明王之教民也。

《六韜‧武韜‧文啓》:

　　太公曰:……古之聖人,聚人而爲家,聚家而爲國,聚國而爲天下,
　　分封賢人以爲萬國,命之曰「大紀」。陳其政教,順其民俗,群曲化
　　直,變於形容;萬國不通,各樂其所,人愛其上,命之曰「大定」。

從上述諸子書的記載可以發現,齊地學術確實強調『因俗』的必要性,即『因
俗』基本上是爲達到更好的政治效益。在《經法》中我們也可以發現『因俗』
的重要,〈君正〉對於如何治理內政曾提出:

　　一年從其俗,二年用其德,三年而民有得。四年而發號令,〔五年而
　　以刑正,六年而〕民畏敬,七年而可以正(征)。一年從其俗,則知
　　民則。二年用〔其德〕,民則力。三年無賦斂,則民有得。四年發號
　　令,則民畏敬。五年以刑正,則民不幸(倖)。六年□□□□□□□。
　　〔七〕年而可以正(征),則勝強適(敵)。

　　俗者,順民心也。德者,愛勉之〔也〕。〔有〕得者,發禁　(弛)
　　關市之正(征)也。號令者,連爲什伍,巽(選)練(揀)賢不肖
　　有別也。以刑正者,罪殺(誅)不赦也。〔畏敬者,民不犯刑罰〕也。
　　可以正(征)者,民死節也。

〈君正〉不但反覆申述最初『從俗』的重要,甚至更將號令與『俗』連繫起
來,使得『因俗』與爲政之間具有一種目的性存在,號令成俗之『俗』基本
上已指向與刑罰相類的規範。但是最初所因之『俗』究竟是指什麼呢?以及
所成之『俗』與所因之『俗』之間又是怎樣的關聯?從所引之文中可以知道
『俗』與民心有關,是一種民則,但是其確切的情況又是指什麼?

(二)『俗』與『度』

〈君正〉中曾提出:

　　號令發必行,俗也。……人之本在地,地之本在宜,宜之生在時,

時之用在民，民之用在力，力之用在節。知地宜，須時而樹，節民力以使，則財生，賦斂有度則民富，民富則有佴（恥）。有佴（恥）則號令成俗而刑伐（罰）不犯，號令成俗而刑伐（罰）不犯則守固戰勝之道也。

『俗』，在這裡是指《管子》中所謂的「教訓成俗」之『俗』〔註4〕，而不是單純的因襲傳統之『俗』。換言之，此處之『俗』是經由傳統既有之『俗』，經過時間的歷練，慢慢形成之『俗』，所謂「四年發號令，五年而以刑正中」，而從「號令發必行，俗也」，以及「賦斂有度則民富，民富則有佴（恥）。有佴（恥）則號令成俗而刑伐（罰）不犯」中，『成俗』是有特定因素使然，這個特定因素即是『有恥』，『恥』是一種處理事情時遵循一種價值而具有的辨別態度，這種價值的確立，在《經法》中並不指向人心性的分析，而是因著齊地與東夷族之俗，指向『時度』。「號令成俗，刑罰不犯」的前提要件是重視『時』的觀念，因『時』而作為，表現在一切措施上則是『有度』。對於『度』一般或只是以『適度』、『限度』瞭解，將『度』的作用純然歸之於人為的操作，忽略了『度』作為一種操作，有一更原始的根基作為此一操作的依憑，即是齊地之俗。

據考古研究，大汶口時期的東夷人發明了與農業發展相關的「山頭紀歷」，以掌握季節和月、日，後來在《尚書·堯典》也記載「乃命羲和，欽若昊天，歷象日月星辰，敬授人時。分命羲仲，宅嵎夷，曰暘谷。……帝曰：『咨！汝羲暨和。期三百有六旬有六日，以閏月定四時成歲。』」關於羲、和二子造歷數，在《藝文類聚》卷五引《尸子》也提到：「造歷數者，羲和子也。」由此可知羲、和二子當為東夷發明原始曆法的人〔註5〕。

『度』基本上是依憑『時宜』而有，《淮南子·覽冥訓》：「黃帝治天下，力牧太山稽輔之，以治日月之行，律陰陽之氣，節四時之度，正律歷之數。」此處之『度』，是一種依據天體運行法則而有的計量、規範，也因此在現實生活中，『度』一直脫離不了與計量、準則、規範等相關的運用，而這正是東夷民的特色，《左傳·昭公17年》：「郯子曰：「吾祖也，我知之。……我高祖少

〔註4〕《管子·權修》：「凡牧民者，使士無邪行，女無淫事。士無邪行，教也。女無淫事，訓也。教訓成俗，而刑罰省，數也。」此一「俗」已經過教化，而非原來之習俗。

〔註5〕參考《齊文化大觀》，頁611；《東夷文化史》，頁314～315。

皞摯之立也，鳳鳥適至，故紀於鳥，爲鳥師而鳥名。……五雉爲五工正，利器用、正度量，夷民者也。」從地理環境而言，齊確實據有重視度量權衡的條件，因爲齊地自太公望時已積極開展商業，在整個商業的制度中，權、衡、度、量、規、矩、繩、墨是一個相當重要的平準，這不但是一種信用的確立，也是人民從農業時代步入商業發展中相當重要的法則，無論是賦稅、官俸、土地的丈量、鹽鐵的買賣，都脫離不了『度、量、權、衡』。關於齊國對於『度量』的重視，在史實中可以找到例證，即陳齊代姜齊而有政權時，首先要做的就是改量制，以博得人民的擁戴。此外，『度量』對於爲政的重要性也可以從《管子》中找到佐證，所謂「明主者，一度量，立表儀，而堅守之，故令下而民從。」(《管子‧明法解》)甚至認爲如果不審度量，而要求政令的實行是不可能的〔註6〕。『度量』之於政治的作用，在《管子‧八觀》中也提到：「故姦邪之所生，生於匱不足；匱不足之所生，生於侈；侈之所生，生於毋度；故曰：『審度量，節衣服，禁侈泰，爲國之急也。』」於此可知『度量』具有如同法律般的規範準繩等特質，《管子‧七法》中就曾提到：「尺寸也，繩墨也，規矩也，衡石也，斗斛也，角量也，謂之法。」

對於『度、量、權、衡』的重視，可以發現與齊較相關的諸子書中常提供佐證，但並不限於生活上的量制，有的甚至關係到兵法的問題，銀雀山出土的《孫子兵法‧形》就曾提到：「〔兵〕法：一曰度，二曰量，三曰數，四曰稱，五曰勝；地生〔度，度生量，量生數，數〕生稱，〔稱〕生勝。」在《經法》中，對於『度、量、權、衡』也相當的重視，譬如：

> 公者明，至明者有功。至正者靜，至靜者聖。無私者知(智)，至知(智)者爲天下稽。稱以權衡，參以天當，天下有事，必有巧(考)驗。事如直(植)木，多如倉粟。斗石已具，尺寸已陳，則無所逃其神。故曰：度量已具，則治而制之矣。絕而復屬，亡而復存，孰知其神。死而復生，以禍爲福，孰知其極。反索之無形，故知禍福之所從生。應化之道，平衡而止(已)。輕重不稱，是謂失道。(《道法》)

〔註6〕《管子‧權修》：「商賈在朝，則貨財上流；婦人言事，則賞罰不信；男女無別，則民無廉恥；貨財上流，賞罰不信，民無廉恥，而求百姓之安難，兵士之死節，不可得也。朝廷不肅，貴賤不明，長幼不分，度量不審，衣服無等，上下凌節，而求百姓之尊主政令，不可得也。

> 規之內曰圓，矩之內曰〔方〕，〔懸〕之下曰正，水之〔上〕曰平。
> 尺寸之度曰小大短長，權衡之稱曰輕重不爽，斗石之量曰少多有數，
> 〔繩準之立曰曲直有度〕。八度者，用之稽也。日月星辰之期，四時
> 之度，〔動靜〕之位，外內之處，天之稽也。高〔下〕不蔽其形，美
> 惡不匿其情，地之稽也。君臣不失其位，士不失其處，任能毋過其
> 所長，去私而立公，人之稽也。美惡有名，逆順有形，情偽有實，
> 王公執〔之〕以爲天下正。（〈四度〉）

〈道法〉與〈四度〉中不但將度、量、權、衡、稱、輕、重與治國之法相聯繫，甚至也與『道』關聯地論述，表現了黃老之學的特色，尤其是在〈四度〉中，更將規矩、繩、權衡……等「用之稽」與天、地、人之稽作爲爲政之道。這種強調天、地、人之稽，《管子》也有類似的說法，「曰：民知務矣，而未知權，然後考三度以動之；所謂三度者何？曰：上度之天祥，下度之地宜，中度之人順，此所謂三度。」

《經法》所論與齊俗、齊學密切相關，這種將度量與歲時曆法相關聯，確實是東夷人之習俗，其中〈君正〉所言之「弛關市」、「連什爲伍」、「選練賢不肖」等制度，在《管子》的〈立政〉、〈地圖〉等都可找到補充的論述，而將度量權衡視爲法度而與爲政關聯地論述，更是齊學的特點，但是『度量』爲何能夠成爲爲政的要務，具有『法』的重要性？這是本文嘗試進一步說明的。

（三）法度與『形──名』

『度量』作爲計量、平準的工具，與天文曆法相關，除了是地域環境與社會生產的發展因素使然以外，『度量』也與音律相關，據說「少昊用度量作樂器」（《玉海・卷八》引《通歷》），《漢書・律歷志》對於度量問題的探究也提到「度者，分、寸、尺、丈、引也，所以度長短也。本起於黃鍾之長。……」而在更早的《呂氏春秋・仲夏紀・大樂》則更明確的指出度量與音律、天文、始源之間的關係，此即：

> 音樂之所由來者遠矣，生於度量，本於太一。太一出兩儀，兩儀出
> 陰陽。陰陽變化，一上一下，合而成章。渾渾沌沌，離則復合，合
> 則復離，是謂天常。天地車輪，終則復始，極則復反，莫不咸當。
> 日月星辰，或疾或徐，日月不同，以盡其行。四時代興，或暑或寒，
> 或短或長，或柔或剛。萬物所出，造於太一，化於陰陽。萌芽始震，
> 凝寒以形。形體有處，莫不有聲。聲出於和，和出於適。和適先王

定樂，由此而生。

《呂氏春秋》中『度量』之歸本於『太一』，一方面是說明了樂律與始源、萬物之間的聯繫，另一方面也指出『度量』與始源及萬物之間的聯繫。如果對度量、樂律、太一、萬物之間的關係加以說明，可以發現樂律是藉由度量呈現太一，那麼它之於萬物也只是以聲、形的方式讓萬物呈現，所謂「形體有處，莫不有聲」，在這裡我們可以發現樂律以『形』的方式（不是指具有量的形，而是一種相較於物之實而指稱的形）說明『物』的存在，這是『度量』與『形』的關係。在《大戴禮記》中我們又發現度量與禮、樂相關，所謂：

古之度在樂則起於黃鐘，在禮則起於璧羡。

就『禮』與『度』的相關性，可能是『禮』始源於天，展現為人文行為是一種儀節，而在西周政治制度的規範中則是以宗法之制中的『名』指出『物』的存在。因此，『度』與『名』相關。禮、樂之於西周人文是政治社會中相當重要的德治教化，而當這一種教化出現問題時，『形——名』的問題就必須重新省思，這在春秋末期刑法的公佈，似乎就意味著『形——名』溯源於『度量』時必須尋找另一種可能性。

《經法》中關於『度』與『形——名』的問題，提出：

是故天下有事，無不自為有形名聲號矣。形名已立，聲號已建，則無所逃跡匿正矣。（〈道法〉）

天下有事，必有巧驗。事如直木，多如倉粟。斗石已具，尺寸已陳，則無所逃其神。故曰：度量已具，則治而制之矣。（〈道法〉）

凡事無小大，物自為舍。逆順死生，物自為名。名形已定，物自為正。（〈道法〉）

七法各當其名，謂之物。（〈論〉）

故執道者之觀於天下也，必審觀事之所始起，審其形名。（〈論約〉）

舉凡天下之呈現，不外事與物，事、物之為人所把握，源於形、名的確立，確立本身就是一種制定，這種制定源於度量。因此『形——名』之於『事、物』，都是屬於形式的部份，是介於『物』與人文之間的處理，是『物』之呈現於人文社會中的根源性分析。這樣好似『形——名』純然是人為的任意制定，其實不然，這是因著時宜之『度』所確立的。因此『形——名』既有客觀的基礎，又有人文的制定，這種文化價值基本上它不是如同禮樂之制指向

德教文化，而是指向法制文化，而且在指向的始源上，也不是指向『天』，而是指向『道』。《經法》第一篇〈道法〉開首即明確指出：

> 道生法。法者，引得失以繩，而明曲直者（也）。〔故〕執道者，生法而弗敢犯也，法立而弗敢廢〔也〕。〔故〕能自引以繩，然後見知天下而不惑矣。

將繩、曲直等關於『度量』的意義引申作爲『法』的判準，其實也是間接將『形──名』的問題導向『法』的價值呈顯下的哲學說明。

二、『形──名』的重要性與分析

『形──名』在春秋末、戰國時代作爲一個重要問題而提出，除了特殊的地域背景之外，確實也是當時的一個時代性問題，它關係著禮樂文化的危機與新價值──法──的出現，如何在既有的禮樂制度崩潰之際重新詮釋，以及新價值如何確立它的正當性，都是一個迫切性的任務，『形──名』問題就是在這種探究根源中所出現的一種分析，它是一種與人文舉措相關的確立，也是對於事件的處理與整體性根源之間的一種探究。因此在這一部份將處理三個問題，一是『形──名』的作用，一是『形──名』與道的關係，一是『形──名』與法的關係，這就關係到『天當』的說明。

（一）『形──名』的作用

《經法》中的『形──名』並不是一般所認爲的『名──實』的問題，『形』並不就是『實』，它與『名』的作用就其之於事、物的角度而言，是相類似的，都是一種讓物呈現其整體的基源形化（essential form）作用，是人對於『物』的先驗性探究中所確立的根源性說明。換言之，舉目所見之一切無非是以『形──名』的方式呈現，人對於物的認識則已經在『形──名』的作用後，『形──名』的出現是在道與人的接觸中被發現的。

> 是故天下有事，無不自爲形名聲號矣。形名已立，聲號已建，則無所逃跡匿正矣。（〈道法〉）

『事』，在〈道法〉中的出現是與天下、萬民、物關聯地使用，『事』所指涉的事情也因此相當的複雜，不只是我們今天所說的事情、事件，還包括個別的物體，《列子‧周穆王》中子列子曾說：「神遇爲夢，形接爲事」，此處之『形』是就人而言，相較於『神』，是與形體有關。因此『事』的出現，已經脫離不了人

的參與其中。『事』與『物』既相關又有別，相關在於『事』普泛而言與『物』無別，「凡事無小大，物自為舍」（〈道法〉），這說明事與物的意指相同；但是二者卻又有區別，當用『事』時，強調與人之間的相關，亦即與人文制度較具關聯性，當用『物』時，則強調作為萬物而與道的自然性關聯。因此『形──名』也在事、物之間據有雙重的作用，即既與『事』相關，又與『物』相關，既有人文特質又有自然始源，對於這樣的『形──名』作用姑且以先驗性指稱。

形、名、聲、號，四件事情所說明的都是人文建制中出現的根源性分析，但是這種分析，不是源自主觀意識所任意為之，而是對於物、事之呈顯在人文制度中的說明，聲、號基本上與『形──名』的指稱相關，『聲』，「樂之象也」（《禮記·樂記》），『號』，「名位也」（《國語·楚語》）。換言之，『聲』與『號』所指稱的是禮與樂之事，這是人文建構中出現的與制度、規範有關之事，而『形──名』則是更廣泛地處理人文以及人與始源之關係。

『形──名』在《經法》中作為事、物與道之間的媒介作用而被探究，因此並沒有個別的針對『形』與『名』的含義說明，但是對於『形──名』的重要性，則提出三名以為人主處理萬事之稽，此三名即：「一曰正名立而偃，二曰倚名法（廢）而亂，三曰強主滅而無名，三名察則事有應矣。」（〈論〉）無名，是指不重視『形──名』，而不是作為指稱『道』之無名。一個國家的治亂，關係『形──名』的確立與否，這也指出『形──名』確實媒介於自然始源與人文之間，因為若就其可溯源於自然始源而言，『形──名』之於事、物是一種必然，就無所謂正名、倚名、無名之分，一切都在『形──名』的呈顯中。若非如此而僅視其為人文的操作，則正名、倚名的判準又在哪裡？更無所謂『無名』的問題必須面對。〈論約〉中指出：

> 故執道者之觀於天下也，必審觀事之所始起，審其刑（形）名。刑（形）名已定，逆順有立（位），死生有分，存亡興壞有處。然後參之於天地之恆道，乃定禍福死生存亡興壞之所在。

人的死生存亡、禍福都有一定分，定分的安置就在於『形──名』的確立，但這不是一種宿命式的決定論，而是要合乎自然天道的運行，要清楚這自然的運行，就需「審觀事之所始起，審形名」，重點就在『審』、『觀』與『參』。『審』是慎重考究。『觀』，《說文》：「諦視也」。『參』是加入而配合之。

三者都是人的作為，因此，『形──名』的確立不純然是人的因素，也不純然是自然的因素，而是『執道』。

『形──名』作爲物的基源形化作用，在《稱》中也明確指出：

> 道無始而有應。其未來也，無之；其已來，如之。有物將來，其形
> 先之。建以其形，名以其名。其言謂何？·環（營）〔刑〕傷威，弛
> 欲傷法。數舉三者，有身弗能保，何國能守？（《稱》）

上述引文中，明確的指出我們把握『物』的呈顯時，已在『形』之中，『形』
本身也顯示了『名』的可能性，『形』與『名』之間的基源形化作用有層次之
分，這也說明《經法》中指言及『名』的區分，而不談『形』，畢竟『名』是
『形』呈顯下更關切到人的操作──命名。

（二）『形──名』與自然始源

『形──名』讓『物』呈顯而爲人所把握，因此探究『形──名』與始
源的關係，自然與『物』的始源有關，在《老子》中已言及「道生一，一生
二，二生三生萬物」，又說「道之爲物」。『物』除了萬物之指稱外，也是萬
物之始源的指稱，但是這裡所談的『物』的始源是就萬物而言，萬物呈顯在
人的社會中，已經是有『形』有『名』的情況，其始源則是無形、無名。

> 虛無刑（形），其裻（寂）冥冥，萬物之所從生。（〈道法〉）

> 故同出冥冥，或以死，或以生；或以敗，或以成。禍福同道，莫知
> 其所從生。見知之道，唯虛無有；虛無有，秋毫成之，必有形名；
> 形名立，則黑白之分已。（〈道法〉）

無形、無名作爲『形──名』的始源，關鍵就在「虛無有，秋豪成之，必有
形名。」秋毫，指鳥類在秋天新生的細毛，比喻極微細之物，這與「其裻冥
冥」的視之幽昧深遠相互應和，而「其裻冥冥」所描述的是「虛無形」。因此
「虛無形」、「虛無有」在描繪狀態上有共同的指稱，都是呈顯一種狀態，這
種狀態則指向『道』，此即：

> 道者，神明之原也。神明者，處於度之內而見於度之外者也。……
> 神明者，見知之稽也。（〈名理〉）

「虛無形」、「虛無有」是人對一種不在『形──名』狀態中的指稱，是人在
認識、見知中對於始源的說明，而人的認識、見知則是藉著「神明」，《淮南
子·兵略訓》中說到：「見人所不見，謂之明；知人所不知，謂之神。」而「神
明」所要把握的即是『道』，也因此《經法》中對於處理天下事物者，常以執
道者稱之。

道與『形──名』的關係，還可以從『度』的方向瞭解，在『形──名』與齊學的關係中，可以知道『形──名』與度數之間的聯繫，而且『形──名』作爲禮樂溯源的探究，由於天文曆數的關係，與度量之間存在著相需相成的關係，這種關係在〈道法〉中指出「天下有事，必有巧驗」、「天下有事，無不自爲形名聲號矣」。換言之，度量與『形──名』都是人文之制中的分析，『形──名』終歸是度量的呈現，度量則以『形──名』方式展現人文特質，而不再以德治文化中的禮樂制度展現。人的「神明」是「處於度之內見於度之外」，也說明了作爲「神明之原」的『道』是以度數的方式展現自身，對於這之間的關係，《鶡冠子・世兵》說到：「道有度數，故神明可效也」。

（三）『形──名』與法

《經法》第一篇〈道法〉開首即提出「道生法」，而最後一篇〈名理〉則提出「道者，神明之原也。神明者，處於度之內而見於度之外者。」對於『道』的這一種提出，有一個非常特別值得注意的地方，就是把『道』和『法』明確的連繫起來，將原來『法』與禮制、天的宗法聯繫予以新的反省，這一種新的反省，一方面是因應著時代的需求，一方面是要確立時代的精神：指出『法』的重要性以及遵循『法』之所以必要的理論依據。

　　『道』作爲『法』的正當性根源與『天』不同，這來自於『道』本身所具有的自然性，這一自然性就是與天文曆數相關的度數。因此這一種『法』所強調的就不是在德治中作爲禮之輔助的刑罰，而是與度數相關，具有獨立位置的『法』。它在人文制度中是作爲裁量的準則，賞罰的依據不是依憑於禮，而是依憑於『法』，此即「度量已具，則治而制之矣。」但是『法』與『道』之間的相關性的確立，畢竟是在一新舊價值衝擊當中，不免必須爲過去的價值觀予以重新的詮釋，『天當』的觀念也就在這一要求下被提出。

　　『天當』，與度量相關，在諸子中談到與『天』有關的問題時，僅有黃老帛書中多次使用這一觀念，《左傳》中雖有『天常』一詞，但是否『天當』即是『天常』？是值得考慮的事情，若以哲學作用而言，兩者的作用並不相同，『天常』是以政治倫理的角度說明『天』，『天當』則是強調法則的適當特質〔註7〕，而且在《經法・四度》中也提到：「外內皆順，命曰天當」。「當」

────────────

〔註7〕關於『天當』與『天常』的區別，陳鼓應先生在《黃帝四經》的註解中曾說：「『天常』與『天當』很接近，都是就『天道』而言。但『常』強調永恆不變，『當』則側重於『度』和『數』，這是差異所在。

作爲一哲學性質的使用，大抵出現在與齊相關的文獻上，尤其是《管子·九守》：「修名而督實，按實而定名。名實相生，反相爲情，名實當則治，不當則亂。名生於實。實生於德，德生於理，理生於智，智生於當。」這裡的『當』應該具有『天當』的意含。可見『天當』在當時代應該與『天常』有所區別，這也可以從《經法》中同時使用『天常』與『天當』中瞭解二者的哲學作用不同。《經法》中的『天常』是強調天的自然運行規律，『天當』則強調執道者運作時的妥當適切，〈國次〉中說到：「天地無私，四時不息。天地立，聖人故載。過極失當，天將降殃。……故唯聖人能盡天極，能用天當。」『天當』與度數的相關，除了在《經法》中論及『當』的問題時，就是強調妥當適切，而這基本上就是量度，《管子·重令》：「當者有數」即是明證。

此外『天當』也與『形──名』相關，這主要在於逆、順的問題，所謂「逆順死生，物自爲名」。逆、順作爲『名』的展現，是說明名位的安置是否合乎道，合於道謂之順，易位就是逆，〈四度〉：

> 君臣易位謂之逆，賢不肖并立謂之亂，動靜不時謂之逆，生殺不當謂之暴。

> 逆則失本，亂則失職，逆則失天，〔暴〕則失人。失本則〔損〕，失職則侵，失天則几（飢），失人則疾。周遷動作，天爲之稽。天道不遠，入與處，出與反。……審知逆順，是謂道紀。

『形──名』展現在人文的制度中就是名位的安置、是非黑白的確立。換言之，是指向價值的確立，這一價值對於執道者而言，就是「用天當」，於道自身而言是「道紀」，而對於人文制度的實行，則是『法』的確立，『法』就是是非曲直的判準。〈道法〉：

> 法者，引得失以繩，而明曲直者（也）。〔故〕執道者，生法而弗敢犯也，法立而弗敢廢〔也〕。〔故〕能自引以繩，然後見知天下而不惑矣。

『法』非常清楚地是人文制度中所確立的，而唯有當『法』有一合乎正當性、或人文可遵循的根源時，『法』的人爲操作性才會被確認，其實行才有客觀性，因此當〈道法〉中提出「道生法」的命題時，是建立在『天當』與『形──名』、度數的網絡上。

附錄二：王弼、郭象之性情論兼及其 詮釋進路[※]

內容摘要

　　魏晉玄學家的注釋學中，以王弼注《老》及郭象注《莊》最爲著名。兩位思想家皆以注釋方式，詮釋先秦道家著作，並進而開展自己的哲學思想。「性情」則是攸關自然與人文世界，非常重要的論題。因此，本文以此爲題，論述王弼與郭象在性情論上的主張，並據此論其在詮釋的進路中，在貼合文本的注釋中，當周旋於文本與義理之間時，其詮釋進路的差別。這一差別可謂其詮釋之方法學的差異，王弼是以「無」爲方法，展現其「全」的可能性以論性情，郭象則以「有」的方式展現其「自然」之性情觀。

關鍵詞：王弼、郭象、性、情、詮釋

壹、前言

　　王弼《老子注》與郭象《莊子注》是歷來詮釋《老》、《莊》都不可迴避的注釋本，甚至以「注」的形式，展現其魏晉哲學的思路與風貌，對於其作爲注釋與哲學家之間的不同工作與目標，最早以方法學提出論述的學者之一是湯一介，他稱魏晉時所使用的方法爲「得意忘言」（寄言出意）〔註1〕或「辨

※ 本文曾刊登於《哲學與文化》月刊，第 40 卷第 12 期，頁 37～54。

〔註1〕簡光明已指出「寄言出意」並非郭象所用方法，就其內容而言，幾乎等同於「得意忘言」。在幾種用法中，最精簡的敘述是「忘言而存意」。見氏所著〈當代學者以「寄言出意」爲郭象注《莊》方法的檢討〉，《諸子學刊》6（2012年）：164。

名析理」，宋儒則是「我注六經」或「六經注我」。〔註2〕後來劉笑敢也對王弼與郭象之詮釋方式予以辨析，他認為注釋與提出哲學理論之間存在著詮釋時的兩種定向或進路。〔註3〕在這一雙定向的迴旋間又有三種方式的詮釋，〔註4〕王弼《老子注》是順向的詮釋，即基本思想是在文本的基礎上發揮，屬文義引申式的詮釋，與原文的基本思想方向大體一致，是文本性定向的外化代表；〔註5〕郭象的《莊子注》是一逆向的詮釋，其作品主要以個人之精神和理念表達為定向，且基本方向否定了原作基本概念、命題方向之作品，是表現性定向的外化代表。〔註6〕

　　雖然王弼與郭象，甚至朱熹等皆由注釋展現為一具有特色的哲學家，就其為注釋而言，皆不屬於名物訓詁類，而是屬於義理發揮的形式，其以注釋形式而展現屬於自己時代之義理特點，或許是受自春秋戰國以來的經傳模式所影響，但又不想受漢代以來的訓詁限制使然；而義理式的注釋，確實在解讀原文上，加入了更多詮釋者（相較所詮釋之文本的作者言，也是一閱讀者）的思想與理論。〔註7〕但就其為一哲學家，皆是一經由詮釋展現其為具有時代特色的哲學家，有其理路之創新。因此，若就詮釋者而言，王弼與郭象皆屬此類，而詮釋皆有其視域，同樣地對詮釋者之分析也有其視域，雖則劉笑敢分析有其合理性，然今則欲由另一視域，以文本所具之語言，即當時代所強調之「無」、「有」等用語，闡述王弼與郭象在性情論之詮釋上的同異。以「性情論」為其注釋中詮釋進路之表徵，主要是著眼於魏晉玄學家，並非不重視

〔註2〕　湯一介〈論郭象《莊子注》的方法〉，《中國文化研究》19（1998年，春之卷）：
　　　　1。
〔註3〕　劉笑敢〈經典詮釋中的兩種內在定向及其外化——以王弼《老子注》與郭象
　　　　《莊子注》為例〉，《中國文哲研究集刊》26（2005年）：290。
〔註4〕　即順向、異向、逆向三種詮釋。同上註，頁291。
〔註5〕　同上，頁291、298。
〔註6〕　同上，頁291、304。
〔註7〕　作為一種詮釋，在西方也對此曾展開辯論與對話。此可參考（英）斯特凡·
　　　　柯里尼（Stefan Collini）編，（意）安貝托·艾柯等著《詮釋與過度詮釋》，王
　　　　宇根譯，（北京：三聯書店，2005年）。在該書導論中，主要指出三位學者的
　　　　不同詮釋理解，一是強調「作品意圖」的艾柯；二是實用主義觀點的羅蒂，
　　　　認為思想、概念等觀念形態的東西只不過是我們用以實現某些目的的工具，
　　　　而並非用來表現「世界的真正本質」；三是卡勒的折衷派，既為艾科所批評的
　　　　過度詮釋辯護，又指責羅蒂的過河拆橋與踢掉學術研究的梯子，其所關注的
　　　　是年輕人或處於邊緣地位的人，如何才能對那些目前佔據著文學研究權威地
　　　　位的人的觀點進行挑戰。分別見於該書頁10、12、14、22。

儒家著作，且王弼、郭象皆曾為《論語》作注或曾釋疑；再者，「性情」則是儒道關注於人時，不可迴避的共同論題之一。茲分就王弼性情論、郭象性情論，和王弼、郭象性情論之義與詮釋之別，三部份闡述之。

貳、王弼之性情論

論述王弼的思想，一般都是集中在「無」、以及「以一統眾」、「得意忘象」等論題上，對於性情的論述雖則不多，但也有些學者已注意到，例如王葆玹、〔註8〕林麗真、〔註9〕吳冠宏〔註10〕以及王今一。〔註11〕前兩者是概論其思想中兼及人性論，後兩者則是專論其「性」論。從王弼的注與著作中，王弼對於性情論述的資料，從學者的研究中，可以發現王弼在論「情」上，似乎皆有所轉變，這一轉變究竟是矛盾？前後期因素？或者是否可以詮釋進路將其消解？而在論「性」上，則有本體與作用之分？抑或是有所謂性二元論之說？茲就其論性與論情分說之：

一、王弼論「性」

王弼對於人性之論，仍不免以其對《老子》之認知，強調「無」的重要，但人又是一「有」者，因此在論述人性時，這兩種相關論述之文獻是同時存在的。在《老子注》、《老子指略》及《周易注》中主要是表現「自然之性」，即人秉自然之道所具有者，是與物皆然、皆有者，《老子注》29章注曾言「萬物以自然為性」，〔註12〕因此也如同《老子》般，強調「心不亂而物性自得」（29章注），重視「無為」，認為性「可因」但「不可為」，「為之」則違反自然之性，此「性」乃物、道與人皆有者，此即「道不違自然，乃得其性」（25章注）。此「自然」對王弼而言，是一「無稱之言，窮極之辭」（25章注），即是對於本源的終極之指稱，是一辭窮而不得已的稱呼、說明，以指涉語言所能指稱的極限。

〔註8〕 王葆玹《正始玄學》（濟南：齊魯書社，1987年），頁375～389。

〔註9〕 林麗真《王弼》（臺北：東大圖書公司，1988年），頁144～157。

〔註10〕 吳冠宏〈王弼思想之歷程性的探尋：從聖人無情到聖人有情之轉變的考察〉，《臺灣東亞文明研究學刊》，5‧1〔9〕（2008年），頁145～174。

〔註11〕 王今一〈道性與氣性——王弼的人性二元論〉，《社科縱橫》27‧11（2012年），頁92～96。

〔註12〕 樓宇烈校釋《王弼集校釋》（北京：中華書局，1999年），頁77。後所引用王弼之《老子》注釋文，皆依此版本，不另注說明。

此「自然之性」，王弼有時也以「眞」稱述之，如注釋《老子》21章「其精甚眞，其中有信」時說：「物反窈冥，則眞精之極得，萬物之性定」，這是將「眞」指向於「道」，並且指出眞精與萬物之性的密切聯貫，「眞」乃「性」之本源與依據所在。王弼在注解《老子》23章「故從事於道者，同於道」時也說到：「緜緜若存，而物得其眞，與道同體」。王葆玹也曾指出「（王弼）是以物性、人性爲原始混沌。」〔註13〕王今一則更進一步指出「王弼很少直接用人性或類似的概念，相反，他常常使用諸如眞、一、樸、虛、空、靜等概念來解釋人性。」〔註14〕

王弼雖將人性與物性同一，且由道而得其眞，但王弼並非不談人性，在注解《老子》25章「王亦大」時，指出「天地之性人爲貴，而王是人之主也，雖不職大，亦復爲大。」對於人之性之爲貴的認知，在《老子注》中是以「因」說明「人性」如何順道之則，甚至指出「聖人」的作爲是「聖人達自然之（至）〔性〕，〔註15〕暢萬物之情，故因而不爲，順而不施。除其所以迷，去其所以惑，故心不亂而物性自得之也。」（29章注）此闡明了「聖人」唯有「因」、「順」才是把握「道」，才能不以自己之仁恩巧施亂了物性，〔註16〕危害自然之性。此一因、順之作爲，實則是一「無爲」、「無心」與「虛」的方式，此即「天地雖廣，以無爲心；聖王雖大，以虛爲主。」（38章注），同時也是「無私」的作爲，「無私」在《老子注》第7章，王弼認爲即是「無爲於身」，「有爲則有所失」（48章注）。

對於人文世界中所顯示的人性，王弼在《論語釋疑》中注解《論語·陽貨》之「性相近也，習相遠也」時，則進入性有否善惡的系統中加以說明。王弼的注釋文爲：

> 不性其情，焉能久行其正，此是情之正也。若心好流蕩失眞，此是情之邪也。若以情近性，故云性其情者。情近性者，何妨是有欲。若逐欲遷，故云遠也；若欲而不遷，故曰近。但近性者正，而即性非正；雖即性非正，而能使之正。譬如近火者熱，而即火非熱；雖

〔註13〕王葆玹《正始玄學》，頁377。
〔註14〕王今一〈道性與氣性——王弼的人性二元論〉，頁94。
〔註15〕據陶鴻慶此「至」應校改爲「性」。見樓宇烈校釋，《王弼集校釋》，頁77注4。
〔註16〕王弼注《老子》第5章之「天地不仁，以萬物爲芻狗」時，說到：「天地任自然，無爲無造，萬物自相治理，故不仁也。仁者必造立施化，有恩有爲。造立施化，則物失其眞。」

即火非熱，而能使之熱。能使之熱者何？氣也、熱也。能使之正者
何？儀也、靜也。又知其有濃薄者，孔子曰：性相近也。若全同也，
相近之辭不生；若全異也，相近之辭亦不得立。今云近者，有同有
異，取其共是。無善無惡則同也，有濃有薄者異也，雖異而未相遠，
故曰近也。

上述這段話，是王弼性情論中非常具有代表性的資料。就人性之於善惡言，
顯然王弼認爲人性就其本而言，無所謂善惡，亦即不在善惡對立的論述中，
但本源之眞性在「氣」的運行中，可使發用中之情、欲，受感染而得其正。
至於「濃薄」之說，似乎說明「人之性」所秉有不同，是以王今一認爲王弼
之人性有道性與氣性之二元的論述，而林麗眞則是以「體──用」詮釋之。
前者之說，陷王弼人性論有斷裂之危機，後者之論雖當，但也質疑王弼無法
解釋何以「體」無善惡，「用」則出現善惡？且認爲「王弼並未肯定先驗的性
善，卻又好說善行善德的必要，於是性與善之間的鴻溝，便很難找到一貫直
下的理論，故雖勉強解說，仍不免於弔詭虛誕。」 [註17]

　　若仔細察考王弼《老子注》，顯然王弼並未肯認善行善德爲首要，而在《論
語釋疑》中王弼確恆言「性正」、「情正」之說，至於「善惡」的問題，則是
提出「善惡相須，而名分形焉」，[註18] 指出善惡乃人所形構之人文世界中的
必然，但仍強調「無形無名」的重要，指出堯能「蕩蕩乎民無能名」，在於大
愛無私、則天成化、道同自然；[註19] 且在《老子注》中，王弼也對攸關德
行之善惡提出論述，主張「美惡猶喜怒也，善不善猶是非也。喜怒同根，是
非同門，故不可得而偏舉也。此六者，皆陳自然，不可偏舉之『名』數也。」
（2章注）此一思維與《黃帝四經・法・道法》中對於聲號刑名生於自然之本
源是相呼應的。[註20] 另外，對於無形無名與立善，也區分其層次之差別，

[註17] 林麗眞《王弼》，頁147。
[註18] 樓宇烈校釋《王弼集校釋》，頁626。
[註19] 同上。
[註20]《黃帝四經・經法・道法》：「虛無（形），其裻（寂）冥冥，萬物之所從生。
　　　生有害，曰欲，曰不知足。生必動，動有害，曰不時，曰時而〔悖〕（倍）。
　　　動有事，事有害，曰逆，曰不稱，不知所爲用。事必有言，言有害，曰不信，
　　　曰不知畏人，曰自誣，曰虛誇，以不足爲有餘。故同出冥冥，或以死，或以
　　　生；或以敗，或以成。禍福同道，莫知其所從生。見知之道，唯虛無有；虛
　　　無有，秋毫成之，必有形名；形名立，則黑白之分已。……是故天下有事，
　　　無不自爲形名聲號矣。形名已立，聲號已建，則無所逃匿正矣。」

此在注《老子》第 17 章之「其次，親而譽之」時也說到：「不能以無爲居事，不言爲教，立善行施，使下得親而譽之也。」

　　王弼關於人性的這一論述，並未有道性與氣性的二元區分，而是人爲天地之最貴者，雖與物同享道之眞，但人之「心」則有所不知足，不知止，是以在善惡相須中，仍要確立揚善抑惡，但這是不符合自然之道，或說有所不足的，而王弼正是在人所形構之善惡世界中，指出善惡區分之有限性，希望提出眞、樸以補善、惡之缺失。事實上，若返回戰國儒者所著之竹簡《五行》中，也可知曉當時認爲「善」之上有一更高的價值——「德」，「德」乃「天之道」，而「善」只是「人之道」。此可謂兩者有共同旨趣奧義。

二、王弼論「情」

　　王弼之「情」論，最早且最爲人所熟知的者，乃裴松之注《三國志・魏書・鍾會傳》引何劭爲王弼傳曰的一段話：〔註21〕

> 何晏以爲聖人無喜怒哀樂，其論甚精，鍾會等述之。弼與不同，以爲聖人茂於人者神明也，同於人者五情也，神明茂故能體沖和以通無，五情同故不能無哀樂以應物，然則聖人之情，應物而無累於物者也。今以其無累，便謂不復應物，失之多矣。

這段話指出王弼與何晏在關於聖人有情、無情論上的差異，也是最被人關注的王弼「情論」，而在王葆玹之《正始玄學》中最早提出王弼「情」有從無情到有情之轉折，且指出《老子注》之情論與《周易注》之情論有差異，在經過《老子注》到《周易注》的轉折後，最先提出王弼之「情」有善惡之說。〔註22〕吳冠宏則承續此一論述，以何劭《王弼傳》中王弼答荀融所難之〈大衍義〉爲主，認爲王弼在前後有一轉折；並在反思王弼學行之衝突中，認爲王弼周旋在自我與理想之衝突中，「雖有兼攝儒家『有情以應物』與道家『體無而無累』兩個面向的用意，卻未必能體現儒、道精神的深旨。」〔註23〕此類論述確實深化我們對於王弼之情論的理解。雖然從王弼之文字而言，確實存在《老子注》之「無情」說，以及《周易注》之「情」論有所差異與轉折，但若就

〔註21〕 （晉）陳壽撰，（宋）裴松之注《前四史：三國志》（北京：中華書局，1997年），頁 210 上右 795。

〔註22〕 王葆玹《正始玄學》，頁 379～385。

〔註23〕 吳冠宏〈王弼思想之歷程性的探尋：從聖人無情到聖人有情之轉變的考察〉，頁 168。

意義理解而言，或許也可以發現關鍵在於「情」之「有」「無」的理解與詮釋之差異，以及「情」之本在「性」，與「情」之發用於人間的差異。就情之本在「性」而言，王弼從不否認「情」與「欲」的實存性，但這一實存之發用則常常處於弔詭之中，從先秦以來即常辯其善惡，而「情」與「欲」一如「性」之存在自然與形名之世界中，就其本而言，應是「無」善惡的存在，是一「有」存在但「無」善惡者；就其在形名世界中所形構之善惡而言，相較於「正」、「眞」而言，是一應「無」掉之「有」惡者，並趨向「無情」、「寡欲」、「無欲」者。

對於這一種「有──無」之弔詭性，《老子注》29 章有「聖人達自然之（至）〔性〕，暢萬物之情」的論述，而在 49 章注中也提到「爲天下渾心焉，意無所適莫也。無所察焉，百姓何避；無所求焉，百姓何應。無避無應，則莫不用其情矣。」此處之「情」並不能單作「情實」理解，而是應理解爲注《乾文言》之「利貞者，性情也」時所言之「不性其情，何能久行其正？……利而正者，必性情也」。〔註24〕此處之「情」乃就「情」得「性之正」者也之「性」，是得自然之「性正」的「情」，因此也無善惡可言。〔註25〕樓宇烈對此則校釋爲「此句意爲，不以性約束其情，怎麼能長久地保持其情符合於正道呢？……不性其情，焉能久行其正，此是情之正也。若心好流蕩失眞，此是情之邪也。」〔註26〕樓說之校釋是以「正──邪」論「情」，而王葆玹之說則誤將「正──邪」理解爲「善──惡」；雖則「正──邪」與「善──惡」可相關地對應，但沒有必然聯繫。王說以《周易注‧家人卦》九五之注中「父父、子子、兄兄、弟弟、夫夫、婦婦，六親和睦，交相愛樂，而家道正」，說明和睦、愛樂、家道正，此「正」之內涵即是「孝、慈、悌、順、節、義」，乃「情之善」的論述。〔註27〕此「正」雖然可理解與「善」有關，但更多地是闡明此乃人道之常，且是依循其本然之道。王弼這一思維是否恰切圓滿，姑且不論，但這

〔註24〕樓宇烈校釋《王弼集校釋》，頁 216～217。
〔註25〕此處言「性其情」與「性正」之「情」，其本雖無善惡，而是「正」；但是就其爲「情」，仍屬一發用，其在「有」的範域中，不免有善惡之觀點的評價，就此而言，大部分的評價觀點會將之歸屬爲「善」，而當此「正」不符合「有」中人之大部分的觀點，就會被評價爲「惡」，尤其當其與世間生活習俗相衝突或有所扞格時，或是彼此有利害之衝突時，就容易被評價爲「惡」。
〔註26〕樓宇烈校釋《王弼集校釋》，頁 225 校釋 58。
〔註27〕王葆玹《正始玄學》，頁 384～385。何善蒙在《魏晉情論》中也將王弼所言之「正」指向「善」（北京：光明日報出版社，2007），頁 92。

一思維即使是戰國儒、道思想家，也是如此肯認，並曾以此乃天降之大常，或是人無法逃脫的大戒。〔註28〕因此「正」所闡明的僅是其本然應循之路，未必落入善惡相須中。王弼所言之「正」乃就其為本體與作為價值時應循之路，而《論語‧陽貨》所言之「情之邪」雖與「性其情」相對，這是在相對待中的用語，與「正」雖可相對待，但其終極所涉之本體是無法相對待的，此猶如王弼在《周易‧復卦‧象傳注》中所言：「凡動息則靜，靜非對動者也；語息則默，默非對語者也。」〔註29〕

參、郭象之性情論

論及郭象，除其與向秀注的關係外，其逍遙義、性分義、玄冥獨化義等是最為人所熟知與樂道者。郭象亦如王弼，也曾注解過《論語》，惜已佚失，僅殘存一些片羽為馬國翰所輯佚，而論述其主體思想，一般皆以《莊子注》為題。今亦以此為範圍論述郭象對於性情的論述。

一、郭象論性

郭象關於「性」的論述，學者多已指出其「性分」之說以及獨化之義的聯結。亦即其論「性」，首先斷絕了「性」有其根源或說造物主，斷絕了「性」由「天」生或「道」生，而是物之自生所具有者。但此「自生所具有者」之「性」，有歧義之理解，此「生所具有者」雖是「自然之性，但其內涵所指究竟是「德性」抑或是「才性」？是「氣性」抑或是「理性」？是「本來之性」抑或是「完滿之性」？這些都是學者論郭象之「性」義時曾論及的。如：湯一介認為郭象之所謂「性」實際上也是「理」，但天地萬物各有各的「性」，也各有各的存在之「理」，而沒有統一的至高的「理」；〔註30〕而暴慶剛在〈郭象的性分論及其理論吊詭〉一文中則指出郭象之「性」論，是承襲「生之為

〔註28〕戰國楚墓郭店竹簡《成之聞之》有所謂「天將大常，以理人倫。」此「大常」之所指即「父子之親」、「君臣之義」、「男女之辨」；《六德》也言君臣、父子、夫婦之德；《中庸》也有「君子之道，造端乎夫婦，及其至也，察乎天地。君子之道，造端乎夫婦，及其至也，察乎天地。」這些都闡明對於倫常之說，認為其有自然性，乃天地之常。即便是《老子》也不反對「慈」，《莊子‧人間世》也言「天下有大戒二，其一命也；其一義也。」

〔註29〕樓宇烈校釋《王弼集校釋》，頁336。

〔註30〕湯一介《郭象與魏晉玄學——增訂本》（北京：北京大學出版社，2000年），頁21。

性」的傳統，〔註31〕更且指出其「性」乃「氣性」。〔註32〕另外，王曉毅曾指出「性」與「性分」不同，以此區分指出郭象區分了聖人之性與凡人之性的區別，兩者之「性」雖皆稟氣而有，但聖人所稟受者乃宇宙精妙之氣，凡人所稟受者則有所偏頗；並且提出就凡人而言，郭象「無疑擴展了本性的範圍——不僅指飲食男女之類生理本能或氣質性格等先天因素，而且將後天社會薰染所造成人爲變化，統統視爲本性的逐步展現，使先天的本能與後天的社會屬性之間失去了邊界，完全融爲一體。」〔註33〕劉思禾則辨析郭象之「性」義，近荀子之材質義，是才性，是可精進之然之理。〔註34〕茲就郭象《莊子注》之文獻梳理，闡明郭象之「性」義有三：一爲才性義，二爲道家德性義，三爲本根義，此三者融合爲一。

（一）才性義

郭象之「性」就其本源而言，並無一造物主，而是「物各有性，性各有極」（〈逍遙遊注〉），〔註35〕強調「各以得性爲至，自盡爲極」（〈逍遙遊注〉），即物就其本性言，在於能盡其性，此「性」雖有小大之別，但若能各安己性，足於己性，其適性則一也。此處郭象強調的是發揮自己的本性爲要務，而不是去做比較。此一由自然而有之「性」，是不可逃、亦不可加（〈養生主注〉）者，是知者守知以待終，而愚者抱愚以至死者，豈有能中易其性者也（〈齊物論注〉）。據此，郭象認爲人之所稟有智愚之別，這似乎意味一種命定或宿命說，但這並不表示郭象認爲人不應該習以盡本性，關於此點莊耀郎已指出郭象用語中「學」與「習」的差別。〔註36〕就「性」而言，「學」屬於負面義，是一外來且強加於本性上者，若要說「學」，也需有其質於內，茲將「學」之於「性」的文獻舉其要者於下：

> 此五者，皆以有爲傷當者也，不能止乎本性，而求外無已。夫外不可求而求之，譬猶以圓學方，以魚慕鳥耳。雖希翼鷺鳳，擬規日月，

〔註31〕暴慶剛〈郭象的性分論及其理論吊詭〉，《人文雜誌》1（2011 年），頁 39〜40。
〔註32〕同上註，頁 40，注 4。
〔註33〕王曉毅〈郭象聖人論與心性哲學〉，《哲學研究》2（2003 年），頁 48。
〔註34〕劉思禾〈郭象之學的內部批判——以多元有機論的辨析爲中心〉，《古籍整理研究學刊》2（2011 年），頁 78。
〔註35〕（晉）郭象注，（唐）成玄英疏《莊子注疏》（北京：中華書局，2011 年），頁 6。後有關郭象注莊文，皆以此版本爲據。隨文說明屬何篇之注。
〔註36〕莊耀郎《郭象玄學》（臺北，里仁書局，1988 年初版／2002 年修訂），頁 121〜126。

此愈近彼愈遠，實學彌得而性彌失。故齊物而偏尚之累去矣。（〈齊物論注〉，頁48）

此言物各有性，教學之無益也。（〈天道注〉，頁266）

夫假學可變，而天性不可逆也。（〈天運注〉，頁268）

由外入者，假學以成性者也。雖性可學成，然要當內有其質；若無主於中，則無以藏聖道也。（〈天運注〉，頁281）

欲以俗學復性命之本，所以求者愈非其道也。（〈繕性注〉，頁297）

教因彼性，故非學也。（〈外物注〉，頁489）

由上述文獻資料可知，郭象承襲《老子》中所言「爲學日益，爲道日損」，與《莊子‧大宗師》中女偊與南伯子葵關於「聞道」與「道可得學乎」的對話，認爲「學」之於「性」是一種離道之行，但這並不表示郭象認爲六經不重要，他認爲「夫任物之眞性者，其迹則六經也」（〈天運注〉）。據此，或可推郭象反對「學」，但如何才是「盡性」之說？如何可「適性」？是以郭象言「習」的重要，在〈達生注〉中曾言「物雖有性，亦須數習而後能耳。」亦言「習以成性，遂若自然。」此間「學」與「習」之差別在於「習」不是強加諸「性」者，而是「內有其質」的學習，是在既有之性的才能中，經過磨練而將其展現出來，是一將「潛能之性」發展爲「現實之性」，在〈列禦寇注〉中郭象則言「夫積習之功爲報，報其性不報其爲也。然則學習之功成性而已，豈爲之哉！」（頁544）

（二）道家德性義

郭象所論之「性」的內涵，非僅才性而已，亦有以「仁義」爲其性之內涵。在〈駢拇注〉中曾言「夫仁義自是人之情性，但當任之耳。」同篇之注中也肯定「夫仁義自是人情也。」〈天運注〉中也說到「夫仁義者，人之性也。」闡明人的情性中本有仁義，這是道德的論述，但反對以此爲準繩，以約束他人，因爲人各有其自性，當是其性，而非強加諸其上，所謂「有爲則非仁義。」此在〈人間世注〉中提出「今回之德信與其不爭之名，彼所未達也，而強以仁義準繩於彼，彼將謂回欲毀人以自成也。是故至人不役志以經世，而虛心以應物。」於此可見「仁義」之於「性」，是其內涵，而不足以爲價值標準，若以「仁義」爲準則，則是撓世之舉，此即〈駢拇注〉中所言：

夫與物無傷者，非爲仁也，而仁迹行焉；令萬理皆當者，非爲義也，

而義功見焉。故當而無傷者，非仁義之招也。然而天下奔馳，棄我
徇彼，以失其常然。故亂心不由於醜，而恆在美色；撓世不由於惡
而恆（由）〔在〕仁義，則仁義者，撓天下之具也。（頁177）

此猶如以「謂仁義爲善，則損身以殉之」（頁180），就郭象而言這也是不對的，
眞正的「善」是「忘仁而仁」、「彼我同於自得」（〈駢拇注〉，頁180），然而「仁
義」作爲內涵，其展現則有迹，但後世以此迹而仿效之，郭象以爲不可，認
爲此非自性之足與適，〈在宥注〉曾言「夫黃帝非爲仁義也，直與物冥，則仁
義之迹自見。迹自見，則後世之心必自殉之，是亦黃帝之迹使物攖也。」（頁
204）郭象也認爲此以「仁義」爲準則，不忘而常念之，是亂眞性者，〈天道
注〉云：「事至而愛，當義而止，斯忘仁義者也。常念之則亂眞矣。」（頁261）
這都闡明了郭象宗於《老子》所強調之「不爭」、「不尚」、「不貴」之旨。

（三）本根義

郭象論「性」，也常以「自然」、「眞」爲其內涵說之。〈秋水注〉云：「眞
在性分之內。」（頁321）但「眞」之內涵與莊子有所不同，莊子認爲絡馬首、
穿牛鼻，乃人之爲，但郭象以爲「馬之眞性，非辭鞍而惡乘，但無羨於榮華。」
（頁182）（〈馬蹄注〉）此是以才性爲其內涵；又〈山木注〉曰：「目能睹，翼
能逝，此鳥之眞性也。」（頁372）同樣地，郭象也以「仁義爲性」，以仁義之
性爲眞，此即以道家德性義爲其內涵，在〈馬蹄注〉中曾云：

夫聖迹既彰，則仁義不眞，而禮樂離性，徒得形表而已矣。有聖人
即有斯弊，吾若是何哉！（頁185）

此處是反面論述，當以仁義之迹爲準則施行、效法，要求人人以此爲德之準，
則是「失眞」、「失性」之爲，是「僞」之生也。「眞」作爲本根之性，在於「自
定」（〈徐无鬼注〉：眞不撓則自定，故持之以大定，斯不持也。）（頁457）；
同時「眞」也是性之本，要在自爲、自若、自得。〈齊物論注〉云：

凡得眞性，用其自爲者，雖復阜隸，猶不顧毀譽而自安其業。故知
與不知，皆自若也。若乃開希幸之路，以下冒上，物喪其眞，人忘
其本，則毀譽之間，俯仰失錯也。（頁31）

此處是將「物」喪「眞」，與「人」忘「本」，作一連結性論述，闡明「眞」
與「本」之間的關係，因此可視爲「眞」乃「性」之本根義。「眞」則在於能
夠自得、自若，這與「各以得性爲至，自盡爲極」（〈逍遙遊注〉頁9）之理是
相通、互相輝映的；更且在〈達生注〉中言：「性分各自爲者，皆在至理中來，

故不可免。」（頁 342）而〈山木注〉中也言：「自然耳，故曰性。」（頁 371）
這是明確將「性」與「理」、「自然」作一連結。

二、郭象論情

　　學界關於郭象論「情」之作甚少，[註37] 較具系統性說明的以何善蒙《魏晉情論》爲代表。「情」就其與「性」的聯繫而言，郭象認爲其本源在於「自然」，〈養生主注〉云：

> 是以達生之情者不務生之所無以爲，達命之情者不務命之所無奈何
> 也，全其自然而已。（頁 68）

此「情」雖有「實」之義，但是屬於其與「性」聯繫之「自然」義，相較於人世間之「愛惡」的情感表達，它是一種「無情」說，此一「無情」之內涵是「無私」、「無爲」，〈則陽注〉云：

> 夫鑑之可喜，由其無情，不問知與不知，聞與不聞，來即鑑之，故
> 終無已。若鑑由聞知，則有時而廢也。（頁 462）

> 凡子所爲，外神勞精，倚樹據梧，且吟且睡，此世之所謂情也。而
> 云天選，明夫情者非情之所生，而況他哉！故雖萬物萬形，云爲趣
> 舍，皆在無情中來，又何用情於其間哉！（〈德充符注〉頁 123）

這兩段有關「情」之論述，可謂是對「自然」之指稱，對本源之描述。前段是說明我們對於鏡子的信賴，源自鏡子本身不受外物形貌等因素所影響，是以人皆喜之，也因此有「聖人無愛若鏡耳」（〈則陽注〉頁 462）之說，也有「至人無情」（〈養生主注〉頁 69）、「無情至平，故天下取正焉。」（〈德充符注〉頁 118）之說。後段是言「情」乃源自「無情」，所有的變化是在「無情」中展現，也因此「無情，故浩然無不任」（〈德充符注〉頁 121）。

　　然而人的實存中，是存在著「有情」的，有喜怒哀樂等情緒，也有各種情狀活動，但郭象認爲「有情者」遠於「理」，而應「相爲於無相爲」（〈大宗師注〉頁 145）。「有情」是有所偏。郭象在注莊子妻死這一段有關有情至無情的說明中指出：

> 未明而概，已達而止，斯所以誨有情者，將令推至理以遺累也。（〈至
> 樂注〉，頁 335）

〔註37〕關於郭象論情，盧桂珍有一篇論〈王弼、郭象性情論研考〉，這是國內少數以此爲論者。所論進路與本文有別，但亦值得參考。見氏所著，《臺大中文學報》25（2006 年），頁 95～134。

從這一段論述可知郭象之「無情」說，有遺累之論，似王弼之無累之有情論，
但終不同，因爲這段論述莊子是以鼓盆而歌終之，郭象認爲這「無哭」的表
達，即是「無情」。

至於〈駢拇注〉中「仁義自是人情」（頁 175）之說，這是就其爲「性情」
而論，但郭象一如言「性」般，認爲彰顯其迹則不再是「性」之自然，而是
遠自然之象，因此在〈德充符注〉中有關莊子與惠施論辯人有情、無情之說
時，說到：

> 人之生也，非情之所生也。生之所知，豈情之所知哉？故有情於爲
> 離曠而弗能也，然離曠以無情而聰明矣；有情於爲賢聖而弗能也，
> 然賢聖以無情而賢聖矣。豈直賢聖絕遠而離曠難慕哉？雖下愚聾瞽
> 及雞鳴狗吠，豈有情於爲之，亦終不能也？不問遠之與近，雖去己
> 一分，顏孔之際，終莫之得也。是以關之萬物，反取諸身，耳目不
> 能以易任成功，手足不能以代司致業。故嬰兒之始生也，不以目求
> 乳，不以耳向明，不以足操物，不以手求行。豈百骸無定司，形貌
> 無素主，而專由情以制之哉！（頁 121～122）

這是對於「有情」即是「有爲」的等同化思維所致，郭象一如對仁義之性的
企慕般，批評此乃有爲，是有僞，不能眞正達到自然無爲之境，一如有情於
聖賢，是無法成爲聖賢的。對於有情與「無情」之自然間，郭象認爲「有情」
的表達應有其「當」，這是在〈德充符注〉中關於有情之爲無情的論述，即「任
當而直前者，非情也。」（頁 122）而在〈大宗師注〉中關於之「有所待而後
當」之說，也提到：「夫知者未能無可無不可，故必有待也。若乃任天而生者，
則遇物而當也。」（頁 125）強調了「任天」、「自然」即是「當」，即是「無待」。

肆、王弼、郭象性情論之義與詮釋進路之別

王弼、郭象在人性論上的差異，湯一介在《郭象與魏晉玄學》中曾指出
「如果說王弼認爲『性』即『理』，而『理』是一至高的統一本體，那麼郭象
的所謂『性』實際上也是『理』，但天地萬物各有各的『性』，也各有各的存
在之『理』，而沒有統一的至高的『理』。」〔註 38〕這確實點出了王弼與郭象
論「性」的差異，同時也指出兩者論「性」皆與「理」相聯繫的共通點。在

〔註38〕 湯一介《郭象與魏晉玄學》（臺北：谷風出版社，1987 年），頁 16。又見於氏
所著之《郭象與魏晉玄學》增訂本，頁 21。

論「情」上，從字詞使用而言，王弼主張聖人有情論，郭象則主張聖人、至人無情論，看似相反的兩端，其實質內涵的差別又是什麼？以下將析論其性情論之異同，兼及其詮釋進路上的異同，前者主論其同，後者主論其異。

一、王弼、郭象性情論之異同

王弼與郭象同為魏晉時人，雖相差 26 歲，但由於王弼早折。因此，不曾相見並同時存在一空間，但兩者可謂處於在同一時代思潮中。是以其論性情，自有其時代與歷史積澱的影響。王弼聖人有情論是相對於何晏之聖人無情說，郭象則又立基於聖人無情論。就辭語使用確實是相對反者，然而就其內涵則有其共通處。

王弼與郭象在論性情上，其共同點有四：

1. 兩者皆承襲先秦以來的思維，常將性情連言，且認為性情皆有其本於自然的層次，並皆以「真」稱述「性」，以「理」稱述「性」，對於「情」則皆要求「情正」或「當」於自然；且皆有「性靜情動」的思維。

2. 就王弼言，「性」無所謂善惡，是一無善無惡者；就郭象言，則是「忘善惡而居中，任萬物之自為，悶然與至當為一，故刑名遠己，而全理在身也。」（〈養生主注〉頁 64）

3. 兩者同樣接受儒家一些價值內涵，但反對以「迹」彰顯之，而應返回其「所以迹」，如王弼注《老子》18 章時說：「六親，父子、兄弟、夫婦也。若六親自和，國家自治，則孝慈、忠臣不知其所在矣。魚相忘於江湖之道，則相濡之德生也。」這是強調其「實」的存在之美，不強調以此為名，為價值之崇尚所在。同樣地，郭象在認可儒家仁義、聖人價值時，也強調迹與所以迹得差別，提出「有情於為賢聖而弗能也」（〈德充符〉頁 121），而在〈大宗師注〉中也提到「夫知禮意者，必游外以經內，守母以存子，稱情而直往也。若乃矜乎名聲，牽乎形制，則孝不任誠，慈不任實，父子兄弟，懷情相欺，豈禮之大意哉！」（頁 147）又〈大宗師注〉中說到：「仁者，兼愛之迹；義者，成物之功。愛之非仁，仁迹行焉；成之非義，義功見焉。存夫仁義，不足以知愛利之由無心，故忘之可也。但忘功迹，故猶未玄達也。」（頁 155）這些資料表明郭象對價值內涵的肯定，但反對所以迹。

4. 兩者皆認為「心」是影響人不因順於自然的因素。王弼《老子》29 章注曰：「故心不亂而物性自得之也。」在 38 章注也提到「以無為心」、「以虛為主」。郭象也強調「無心」，在〈應帝王注〉中說到「夫至人，其動也天，

其靜也地,其行也水流,其止也淵默。淵默之與水流,天行之與地止,其於不為而自爾,一也。今季咸見其尸居而坐忘,即謂之將死;睹其神動而天隨,因謂之有生。誠〔能〕應不以心而理自玄符,與變化升降而以世為量,然後足為物主而順時無極,故非相者所測耳。」(頁 163)即認為無心才能認自化,才能物各自主;另〈在宥注〉也說到:「夫心以用傷,則養心者,其唯不用心乎!」(頁 212)則是闡明了「心」所帶來的弊害。

二、王弼、郭象詮釋進路之別

王弼與郭象在注釋上,皆關注到《論語》,並有所釋疑或注解,然也都佚失大部分,此其同也。其同之二在於歷史積澱與時代思潮下,皆是作一儒道融合之注解與詮釋,但並不拘泥於名物訓詁,而以義理闡發經典,並開展自己的哲學觀點,同時也都接受儒家價值內涵之融入,但又以道家「無心」、「無為」消融之。但兩者在詮釋進路上,因著注釋題材的不同,詮釋進路也有所不同,茲試述如下:

1. 王弼哲學有一重要主張,即「將欲全有,必反於無」(《老子》40 章注),這一思維理念影響了王弼論述聖人有情、無情,或以王弼歷經從無情到有情之轉折,但若以「全有」與「無」的關係,則可知其有情說乃作用地說,是就於現象中的實存而言,然其終究是一「無累」的表達,此「無累」乃能「因」、「順」物於自然。郭象則從「物各自生」(〈齊物論注〉)、「物各自任」(〈天道注〉)、「物各有性」(〈天道注〉)等這一「獨化」(〈齊物論注〉)觀點,在「物」之自身中,從「有」論「無心」、「無為」。兩者之別是王弼以「無」為本體,「有」乃作用地說;郭象是以「各有」為本體,「無」是作用地說。

2. 王弼在《老子注》中發明《莊子》義,例如注解《老子》42 章關於一、二、三的問題時說到:「萬物萬形,其歸一也。何由致一?由於無也。由無乃一,一可謂無?已謂之一,豈得無言乎?有言有一,非二如何?有一有二,遂生乎三。從無之有,數盡乎斯,過此以往,非道之流。」而《莊子·齊物論》則言:「天地與我並生,而萬物與我為一。既已為一矣,且得有言乎?既已謂之一矣,且得無言乎?一與言為二,二與一為三。自此以往,巧曆不能得,而況其凡乎!故自無適有,以至於三,而況自有適有乎!無適焉,因是已。」郭象注解《莊子》時,則運用了《老子》的理解,如郭象對於「學」的主張,顯然是受《老子》以來道家對於「學」的觀點所影響,並且以「習」闡明黃老道家之「積」的觀點,但又有發明己義;再者其重視價值內涵,反

對以價值內涵爲標竿，決定他者的作爲，主張「不爭暢於萬物，然後萬物歸懷」（〈人間世注〉頁 74）也是對《老子》「不爭」、「不尚」思想的發揮。

3. 王弼強調「以一統眾」，《周易略例·明象》注曰：「故自統而尋之，物雖眾，則知可以執一御也；由本以觀之，義雖博，則知可以一名舉也。」此「一」乃道之「一」。郭象則反對「以一」的方式，所謂「以一體之所履，一志之所樂，行之天下，則一方得而萬方失也。」（〈繕性注〉頁 298）又〈山木注〉曰：「故待之不可以一方也，唯與時俱化者，爲能涉變而常通耳。」（頁 360）〈列禦寇〉曰：「以一家之平平萬物，未若任萬物之自平也。」（頁 553）這些都是強調「以一」之弊，此「一」可謂「己」之一，因此若強調「以一」，將無法任物自然，〈應帝王注〉曰：「夫寄當於萬物，則無事而自成；以一身制天下，則功莫就而任不勝也。」（頁 159）

伍、結論

總結上述之論，再返歸前言中有關王弼、郭象之詮釋論述，可知哲學思想創作者總是在歷史積澱與時代思潮等因素之下，在經典注釋與己義創發之依違中，提出自己的理論思想。王弼在儒道融合中，以道釋儒，同時將儒之倫理價值吸納於道者中，以「正」的方式名之，而非強調善惡；郭象則在注釋《莊子》時，照顧到內、外、雜之不可分，而以一整體思維融貫之，此融貫之思維主體並不超脫道家思想，或說黃老思想。因此，兩者皆具文本性定向與表現性定向，只是王弼之《老子》注與《老子指略》較純化，且王弼以《莊》義解之，讓我們較易認爲他是順向詮釋；郭象之注《莊》，因文本的特殊性，使得郭象歧出《莊子》內篇者有之，但其融貫《莊子》內、外、雜之功，則不可沒。若以西方學者所論辯之「作品意圖」與「實用主義觀點之詮釋」，兩者亦皆具，畢竟注釋不能脫離文本，但注釋若僅刻就文本，則無法真正詮釋文本意圖，一詮釋就有意圖，有意圖就很難只存作品意圖，而無詮釋者之意圖的存在；實用主義觀點的詮釋則是強化其論題性內容，對於詮釋文本，讓文本有更深、更廣之理解的可能，確實也功不可沒，因爲若缺乏此詮釋進路，「文本」就只是定於一尊，無法回應時代需求，就此而言，王弼與郭象皆是在回應時代中，對已存之社會現況，提出了自己所主張的方式。王弼以「以一」回應「無」，郭象則「反以一」回應「無」，兩者皆強調返歸「自然」的重要。

參考文獻

1. 王今一〈道性與氣性──王弼的人性二元論〉，《社科縱橫》27・11（2012年11月），頁92～96。

2. 王葆玹《正始玄學》，濟南：齊魯書社，1987年。

3. 王曉毅〈郭象聖人論與心性哲學〉，《哲學研究》2（2003年）。

4. 何善蒙《魏晉情論》，北京：光明日報出版社，2007年。

5. 林麗眞《王弼》，臺北：東大圖書公司，1988年。

6. 吳冠宏〈王弼思想之歷程性的探尋：從聖人無情到聖人有情之轉變的考察〉，《臺灣東亞文明研究學刊》5・1〔9〕（2008年6月），頁145～174。

7. （晉）郭象注，（唐）成玄英疏《莊子注疏》，北京：中華書局，2011年。

8. （英）斯特凡・柯里尼（Stefan Collini）編，（意）安貝托・艾柯等著《詮釋與過度詮釋》，王宇根譯，北京：三聯書店，2005年。

9. （晉）陳壽撰，（宋）裴松之注《前四史：三國志》，北京：中華書局，1997年。

10. 莊耀郎《郭象玄學》，臺北：里仁書局，1988年初版／2002年修訂。

11. 荊門市博物館編《郭店楚墓竹簡》，北京：文物出版社，1998年。

12. 國家文物古文獻研究室編《馬王堆漢墓帛書》（壹），北京：文物出版社，1980年。

13. 湯一介《郭象與魏晉玄學》，臺北：谷風出版社，1987年。

14. ───《郭象與魏晉玄學──增訂本》，北京：北京大學出版社，2000年。

15. ───〈論郭象《莊子注》的方法〉，《中國文化研究》19（1998年，春之卷）。

16. 樓宇烈校釋《王弼集校釋》，北京：中華書局，1999年。

17. 劉笑敢〈經典詮釋中的兩種內在定向及其外化──以王弼《老子注》與郭象《莊子注》爲例〉，《中國文哲研究集刊》26（2005年3月），頁287～319。

18. 劉思禾〈郭象之學的內部批判──以多元有機論的辨析爲中心〉，《古籍整理研究學刊》2（2011年），頁78～84。

19. 暴慶剛〈郭象的性分論及其理論吊詭〉，《人文雜誌》1（2011年），頁78～84。

20. 盧桂珍〈王弼、郭象性情論研考〉，《臺大中文學報》25（2006年），頁95～133。

21. 簡光明〈當代學者以「寄言出意」爲郭象注《莊》方法的檢討〉，收錄於《諸子學刊》6（2012年3月），頁159～186。